為《中华名人愛國故事选》題

继承愛國傳统
弘揚民族精神

嚴濟慈

中華名人愛國故事選

（下）

韩其洲 主编

ZHONGHUAMINGREN AIGUOGUSHIXUAN

黑龙江少年儿童出版社

图书在版编目（CIP）数据

中华名人爱国故事选. 下 / 韩其洲主编. -- 哈尔滨:
黑龙江少年儿童出版社, 2016.7(2018.10重印)
ISBN 978-7-5319-4420-1

Ⅰ. ①中… Ⅱ. ①韩… Ⅲ. ①爱国主义教育－中国－少儿读物 Ⅳ. ①D647-49

中国版本图书馆CIP数据核字(2016)第116635号

中华名人爱国故事选(下)

韩其洲 主编

项目总监:张立新
统筹策划:顾吉霞 刘 嘉
责任编辑:刘 嘉 顾吉霞
插 图:李秋红
封面设计:书籍装帧设计 QQ:2450277745
责任印制:姜奇巍 杨亚玲
出版发行:黑龙江少年儿童出版社
（哈尔滨市南岗区宣庆小区8号楼 150090）
网 址:www.lsbook.com.cn
经 销:全国新华书店
印 装:永清县晔盛亚胶印有限公司
开 本:787mm ×1092mm 1/16
印 张:14
书 号:ISBN 978-7-5319-4420-1
版 次:2016年7月第1版
印 次:2018年10月第2次印刷
定 价:28.00元

序言

柳　斌

中华民族是富有爱国主义光荣传统的伟大民族。爱国主义是动员和鼓舞中国人民团结奋斗的一面旗帜，是推动我国社会历史前进的巨大力量，是各族人民共同的精神支柱。

习近平总书记指出："实现中国梦必须弘扬中国精神。这就是以爱国主义为核心的民族精神，以改革创新为核心的时代精神。这种精神是凝心聚力的兴国之魂、强国之魂。"习总书记最近又强调要"在广大青少年中开展深入、持久、生动的爱国主义宣传教育，让爱国主义精神在广大青少年心中牢牢扎根，让广大青少年培养爱国之情、砥砺强国之志、实践报国之行，让爱国主义精神代代相传、发扬光大。"我们要深刻领会和贯彻落实习总书记的讲话精神，扎扎实实地把爱国主义教育落实到儿童和青少年当中去。

爱国主义是一个历史范畴，具有鲜明的时代特征。在社会发展的不同阶段、不同时期，有不同的具体内涵。历史上的爱国主义者，尽管受到时代和阶级的局限，表现出不同的思想和行动，但他们都不同程度地顺应了历史发展的潮流，或在一定程度上代表了历史发展的方向。他们为祖国的富强和人民的自由与幸福做出了自己的宝贵贡献。

特别应该指出的是，一部中国近现代革命运动史，同时也是一部中国近现代爱国运动史。爱国主义的强大精神力量，鼓舞和激励着全国各族人民，进行不屈不挠的革命斗争。我们尤其不能忘记的是，在日本侵略者悍然发动侵华战争的民族危难时刻，中华儿女冒着敌人的炮火同仇敌忾、共赴国难、浴血奋战、视死如归，奏响了一曲气壮山河的抗击日本侵略者的英雄凯歌，用生命和鲜血谱写了一首感天动地的抗击外敌入侵的壮丽史诗。那些为国捐躯的抗日英雄，永远活在我们的心中！

新中国成立后，在祖国的各条战线，同样涌现出了大批的爱国英雄和模范人物，他们为建设祖国和保卫祖国做出了杰出的贡献。特别是在改革开放新的历史时期，他们是践行爱国主义的标兵和楷模，为国家的社会主义现代化事业做出了非凡的业绩，值得我们学习和赞扬。

进行爱国主义教育，是践行社会主义核心价值观的重要内容。榜样的力量是无穷的。运用古代、近代和现代史上出现的许多杰出人物的爱国事迹，对青少年进行爱国主义教育，是一种很好的形式。黑龙江少年儿童出版社出版的这套书，讲述了中华民族古往今来百余位著名人物的爱国故事，情节生动，事迹感人，是对广大青少年进行爱国主义教育的好教材。

我们要从小做起，让儿童少年爱父母、重亲情、懂感恩，学会关心他人，立志报效祖国。大力加强爱家乡、爱人民、爱祖国的教育，通过敬国旗、唱国歌、爱母语，学习英模人物，继承历史文化传统；大力加强理想信念教育，抵制错误腐朽思想，弘扬爱国主义、集体主义、社会主义理想；广泛开展民族精神教育，增强民族自尊心、自信心、自豪感，增进对伟大祖国和中华民族的认同；激励青少年把爱国热情化作振兴中华的实际行动；以热爱祖国和贡献自己全部力量建设祖国为最大光荣，以损害祖国利益和尊严为最大耻辱。把个人的成长成才融入到祖国和人民的伟大事业之中，以实际行动创造无愧于时代的辉煌业绩。

让我们更高举起爱国主义旗帜，为实现中华民族伟大复兴的中国梦阔步前行！

2016 年 6 月 3 日于北京

（柳斌同志：原国家教委副主任、党组副书记，原国家教委、教育部总督学）

目　录

抗日救国的第一枪

——爱国将领马占山的故事

1931年11月，装备很差的东北军驻防黑龙江部队，面对日本侵略军咄咄逼人的攻势，在黑龙江省省会齐齐哈尔（今齐齐哈尔市）南面的嫩江桥，进行了顽强的阻击。这一仗史称江桥抗战，打响了中华民族抗日战争的第一枪，震动了中外，领导这次战斗的就是马占山将军。

1931年，日本发动了侵略中国的“九一八”事变。由于东北军执行国民党政府不抵抗的命令，数日之间，沈阳、长春、吉林等重要城市相继沦陷。

为了占领黑龙江省，日本方面开始积极活动。9月21日，日本驻齐齐哈尔特务机关长林义秀少佐来到洮南，策动奉系元老、洮辽镇守使张海鹏叛变，并答应事成之后任命他为黑龙江省主席。这一消息传出后，黑龙江省方面派了马景桂到洮南去试探，邀请张海鹏去黑龙江。北平副司令行营也委任张海鹏为蒙边督办，劝他坐镇洮南，防止日军向北进犯。但是，10月初，张海鹏在得到日军的两万支三八式步枪和弹药后，便积极扩充军队，自封为保安边防总司令，甘心充当日本侵略者进攻黑龙江的马前卒。

10月19日晚上，马占山由黑河赶到了齐齐哈尔，第二天就任代理黑龙江省主席。就职时，他当众表示了保卫国土的决心：“倘有侵犯我疆土，及扰乱我治安者，不惜以全力铲除之，以尽我保卫地方之责。”并出两万大洋，悬赏张海鹏的首级。

当张海鹏的进攻被马占山的部队打败后，日本侵略者准备亲自出马了。他们先制造借口，说嫩江大桥是由“满洲铁路”借款修筑，属于洮昂铁路，中国军队在与张海鹏作战时破坏了嫩江大桥，日方有护桥责任。以此挑起事端。

11 月 4 日，日军突袭中国军队的阵地，抓走了 3 名哨兵。中午，几百名日军又向江桥阵地发动攻击。中国军队忍无可忍，奋起抗击，江桥抗战自此爆发。

战斗一开始就很激烈。中国军队的武器装备极差，但广大官兵激于义愤，奋勇抗敌，打退了日本侵略军大规模的进攻。日军没有想到会遭到如此顽强的抵抗，经过一番调整后，6 日，日军派出了更强的兵力，包括两个步兵联队、40 门野炮、8 门重炮、8 架飞机、4 列铁甲车，向中国军队阵地发起猛攻，中国守军拼死抵抗。在激战中，日军浜本步兵联队和高波骑兵队伤亡殆尽，但中国军队也有 600 余名官兵伤亡。为了保存实力，马占山命令部队后退 50 里，全力守卫三间房阵地。为了表示抗敌决心，他当天通电全国，誓与敌人周旋到底，决不退让。11 月 7 日，马占山还亲自来到三间房阵地，嘉奖前线将士。

关东军司令本庄繁见中国军队后撤，以为马占山退让了。8 日和 12 日，他两次发来通告，企图威逼马占山下野。这时，黑龙江省政府委员赵仲仁也暗中与日本人勾结，要求马占山让位于张海鹏。马占山对此予以坚决驳斥，再次表示自己的守土决心，并揭露了日本所谓“无领土野心”的虚伪嘴脸。

得知马占山拒绝下野，12 日午后，日军长谷旅团、天野部队、森连守

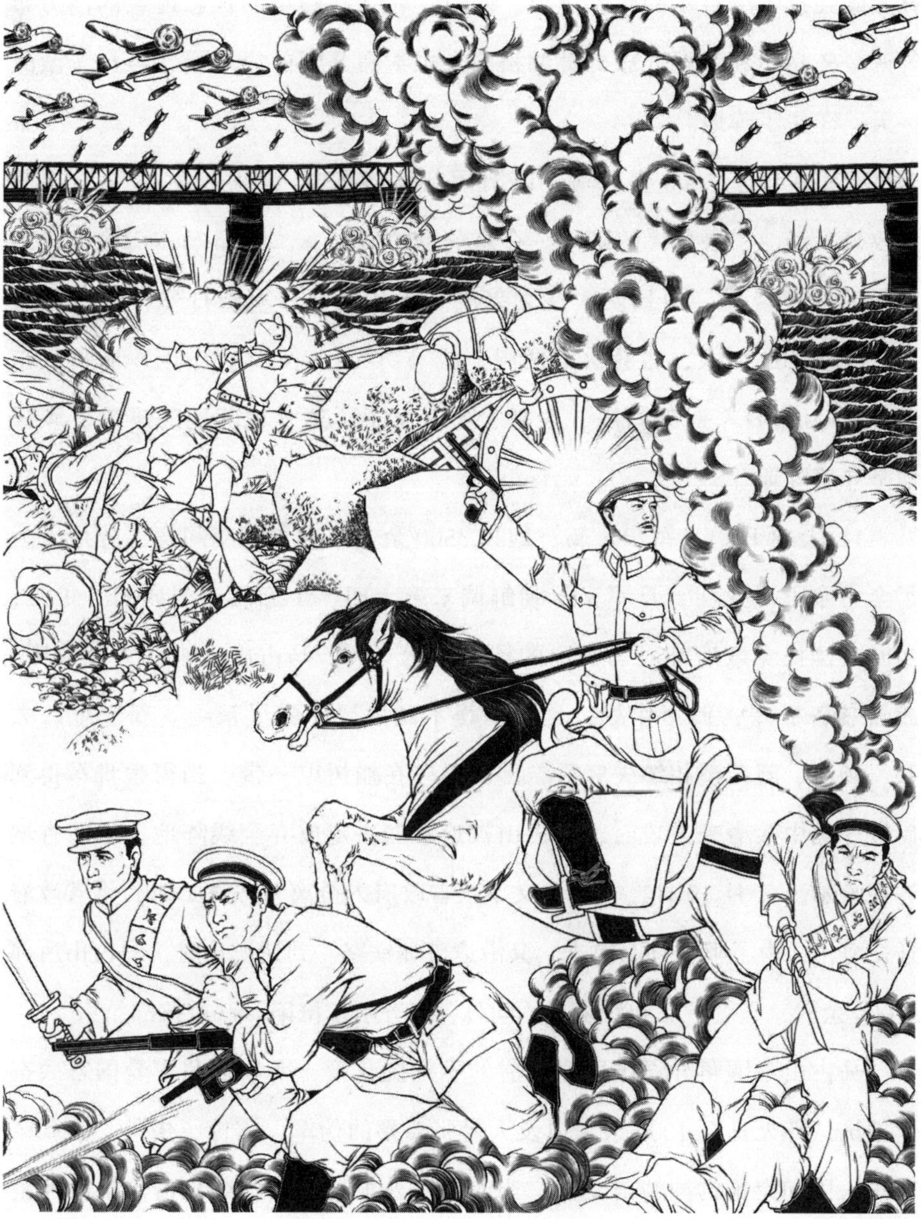

备队兵分三路，向三间房、昂昂溪阵地发起进攻。东北军苑崇谷旅和吴松林旅顽强抗击了日军的轮番进攻。同时，驻守满洲里的程志远旅的沙力布等两个骑兵团和张殿九旅的孙鸿裕团，也奉命开到前线增援，与日军激战一天，守住了阵地。

日军集结了5000多人马，14日重新发动进攻，其中，1000多日军骑兵攻破了汤池、蘑菇溪的阵地。在这危急的情况下，15日马占山亲自赶到昂昂溪前线督战。中日两军在大兴展开了激战，日军被打死打伤三四百人，俘虏200余人，缴获火炮两门，战马70匹。16日，中国军队再次击退了4000余日军对三间房、大兴、小三家子、达官屯阵地的进攻，顽强地坚守着阵地。

11月18日，日军步、骑、炮兵3500余人集中猛攻三间房主阵地。为了全力拿下黑龙江，日军又从朝鲜调来第十四、十五两个混成团。可是，当时的国民党政府却对马占山的抗战毫无支援。马占山本来兵力就有限，武器装备极差，孤军作战，最后因得不到后援而弹尽粮绝。新立屯、大兴、汤池、蘑菇溪相继失守后，部队退守在榆树屯一带。当得悉日军得到后援、集中兵力来进攻时，马占山被迫忍痛决定放弃全线阵地，退回省城齐齐哈尔。11月19日，马占山又率领省政府人员离开齐齐哈尔，将省政府迁往海伦，为了阻止日军追击，又沿途破坏铁路。到达海伦时，马占山所部37000余人，只剩下20000余人。同日，齐齐哈尔沦陷，江桥抗战结束。

马占山不顾蒋介石国民党政府的不抵抗政策，率领东北军爱国官兵奋起抵抗，歼灭日军1000余人以及大量张海鹏的伪军，震惊了中外，得到了全国人民和舆论的同情与支持。当时，中外报刊竞相登载马占山抗战的消息，各地的贺电像雪片般飞来。11月11日，哈尔滨各界慰劳团携带大量慰劳品赶到齐齐哈尔，慰问前线将士。上海各界纷纷汇款接济马占山的抗日军队。哈尔滨各界也捐款支援。许多东北青年和关内青年组成了“援马抗日团”“义勇军”，要求赴黑龙江参加抗日。肇东蒙古王公也收编了武装，表示服从马占山指挥，参加抗战。马占山以他的抗战行动取得了全国人民的崇敬。

江桥抗战是中华民族抗日战争中第一次有组织有力量的武装抵抗。这次战斗虽然失败了，但却有着极其深远的意义和作用，它打破、延后了日军快速占领整个东北，建立其傀儡政权的进程，显示了中国人民坚决抗敌的决心。

（选自《中国现代爱国者的故事》，作者项锷）

马占山（1884 年—1950 年），抗日将领，吉林怀德人。曾任黑龙江省骑兵总指挥、省代理主席、省军事总指挥、东北挺进军司令等职。参与了张学良、杨虎城发起的西安事变，1949 年 1 月与傅作义等宣布起义，次年病逝。

黄埔精英 北伐先锋

——民主革命家邓演达的故事

在南京紫金山南麓灵谷公园的东侧，长眠着一位资产阶级民主革命家，他就是邓演达。邓演达是孙中山思想和革命事业的积极追随者，后来因为坚决反对蒋介石而惨遭暗害。周恩来赞誉他“人格很高尚，对蒋介石始终不低头”。

1926 年 1 月，在国民党第二次全国代表大会上，邓演达被委任为黄埔军校教育长。

3 月 20 日，蒋介石阴谋制造“中山舰事件”作为反共的借口，邓演达站在革命立场上，劝阻蒋介石立刻停止行动。蒋介石大为不满，把邓演达看作亲共分子，公开对他进行监视，并禁止他与外界来往。不久，邓演达又被迫调离黄埔军校。

1926 年 7 月 9 日，国民革命军誓师北伐。邓演达被任命为国民革命军总司令部政治部主任，率领政治部工作人员随军出发。在筹备北伐时，他召集军、师政治部主任会议，制订工作计划，提出“打倒帝国主义”“打倒军阀”“铲除贪官污吏”“建立廉洁政府”等标语口号。他任用共产党员和国民党左派作为骨干。出发前夕，他对全体政工人员说：“我们应该明白，中国的农工大众受帝国主义和军阀的双重压迫。我们此去要唤起广大的农工大众来解除自身的痛苦，铲除军阀制度，永绝中国祸乱的根源。”

在北伐中，邓演达除了指导政治工作外，还与苏联顾问铁罗尼一起到前沿阵地指挥战斗。9月1日，北伐军打到武汉。6日攻克汉阳，7日取下汉口，唯独武昌的敌人据城固守，久攻不下。武昌是华中地区的交通枢纽，地势险要，是易守难攻的古城。吴佩孚集中了重兵，准备固守。

邓演达奉命兼任攻城司令。他指挥工程兵挖掘壕沟，以掩护部队攻城，组织敢死队用云梯强行登城，第一次没有成功。他又组织敢死队第二次登城。这时，敌人城头上挂满了灯火，把四周照得如同白昼一样，这给攻城增加了困难。邓演达传令先入城者重赏，并身跨战马亲临城下督战，在敌人的枪林弹雨中屹然不动，官兵们士气大振。敢死队在敌人强大的火网攻击下，勇猛冲过护城壕。敌人发觉后又点燃用火油浸湿的棉花，把一团团燃烧的火球抛到城墙脚下，使北伐军官兵无法接近。但敢死队队员们冒火冲到城墙脚下，架起云梯，攀援而上。有的队员已经登到城上，却被敌人用大刀砍杀跌落下来，有的队员中弹倒下。敌人密集的子弹也打中了正在督战的邓演达战马的脑壳，子弹从他的左胁穿过，军服也被打穿了一个洞，人虽然只稍稍受了点伤，但战马却顿时毙命。

强攻失利后，邓演达总结经验，决定改为围城。长时间的围城使敌军军心发生了动摇。10月9日，北伐军再次发起总攻，10日凌晨，叶挺独立团在通湘门附近首先用云梯登城成功，再兵分三路向蛇山方向猛攻，攻入武昌城。敌军纷纷缴械投降，被生俘的敌军官兵达11000名，缴获机枪40挺，步枪15000支，大炮20门。

武昌城攻克之后，邓演达洗澡时才发觉自己的伤口已经溃烂了。

1926年11月初，北伐军占领南昌，蒋介石在南昌设立了总司令部，纠集一伙国民党右派，与武汉的国民党左派相对抗。

11月下旬，国民党中央政治会议在广州召开，决定迁都武汉。蒋介石为了把中央党部、国民政府控制在他个人手中，竟蛮横地主张在南昌建都，并扣留已到达南昌的中央委员，不让他们前往武汉，叫嚷着要制裁左派和中国共产党。为了挽救革命，邓演达亲自到南昌与蒋介石长谈，晓以革命大义，但蒋介石根本听不进去。邓演达与蒋介石自此开始决裂。

1927年，蒋介石发动“四一二”反革命政变的消息传来，武汉地区掀起了反蒋斗争的高潮，邓演达和恽代英等领导武汉中央军事政治学校的学生，在武昌阅马场召开“讨蒋大会”，出版《讨蒋特刊》，并通令开除28名拥蒋学生的学籍。4月15日，他还在武昌大学对第四军、第十一军连长以上军官讲话，愤怒揭露蒋介石的反革命罪行，并高举起双手，紧握住拳头，高呼“打倒新军阀蒋介石！拥护孙中山‘联俄、联共、扶助农工’三大政策”的口号。

6月30日，邓演达鉴于革命形势逆转，孤掌难鸣，怀着沉痛的心情出走。11月1日，邓演达在莫斯科会同宋庆龄、陈友仁以中国国民党临时行动委员会的名义，发表《对中国和世界民众宣言》，号召革命同志继承孙中山的遗志，坚持革命斗争。

1930年5月，邓演达回到上海，组织中国国民党临时行动委员会，主编《革命行动》周刊。他还以“复兴中国革命”为口号，集结国民党左派力量，秘密组织革命黄埔同学会，策划武装推翻南京蒋介石政权，使黄埔军校学生的思想发生了急剧变化。革命黄埔同学会组织遍布全国，会员人数和受到影响的黄埔各期学生至少有5000人。

蒋介石对邓演达的革命活动和影响恨之入骨，必欲置之死地而后快。他在上海勾结帝国主义，派遣特务，收买叛徒，侦察邓演达的行踪。

有人听闻蒋介石要谋害邓演达，劝他离开上海暂时避一避，甚至为他买好了到香港去的船票，但是邓演达早把个人生死置之度外，留在上海坚持斗争。

1931 年 8 月 17 日，邓演达在上海愚园路愚园坊 20 号干部训练班讲课时，叛徒陈敬斋听到一半，伪装肚子痛离席外出，向特务告密，致使邓演达被捕。蒋介石立即从南京打来电话，命令将他押往南京。在南京关押期间，蒋介石要他放弃自己的政治主张，宣布解散组织，又提出：由蒋当总司令，邓任副司令，一同去江西“剿共”，或者派他出国考察。这一切都被邓演达一句话挡了回去：“我要为中华民族维护正气！”

蒋介石畏惧邓演达的威望和影响，11 月 29 日深夜将邓演达秘密杀害于南京麒麟门外沙子岗的荒山中。邓演达牺牲时年仅 36 岁。

邓演达殉难后，很多人写了诗词和纪念文章，以志哀悼。其中以他的战友朱蕴山的《念奴娇·怀亡友邓演达》最为感人，下阙写道：

应念壮士归来，中流击楫，肝胆硬如铁。易水萧萧风潮冷，泪逐波臣呜咽。禾黍离宫，荆榛塞道，往事那堪说！何年把剑？誓扫神州腥血！

（选自《中国现代爱国者的故事》，作者赵舟良）

邓演达（1895 年—1931 年），国民党左派领袖，广东惠阳人。早年参加同盟会。曾任黄埔军校教育长、北伐国民革命军总司令部政治部主任等职。

宁死不招

——革命家王若飞的故事

1931年12月21日晚上，一群宪兵和警察突然闯进包头泰安客栈，他们以查店为名，直奔王若飞的住处，进行了全屋大搜查。

这时王若飞身上带有云泽（即原中华人民共和国副主席乌兰夫的曾用名）给他的工作报告、《告全旗蒙民书》和他自己起草的一份工作报告。为保卫党的机密和革命同志的安全，他急中生智，趁解衣之时，迅速将文件掏出塞进嘴里，拼命往肚里吞。敌人发现后，用力卡住他的脖子，不让他吞下去。他使劲用牙齿将纸嚼烂，但云泽的工作报告是用麻纸写成的，纸质好，且有8页之多，经过一场激烈的搏斗，王若飞已经憋得喘不过气来。他自己用香烟纸写的工作报告已被他吞进了肚里，云泽写的工作报告和《告全旗蒙民书》则被宪兵从他嘴里掏了出来。然后，敌人将王若飞带到了警察局。

王若飞被关进警察局的暗室里。他从敌人的谈话中，知道他们已经掌握了自己的身份和来历。他想隐瞒身份已经不可能了，便决定以公开的共产党员的立场，同国民党进行面对面的斗争。

第二天，警察局对王若飞进行审问时，他们把从王若飞口中掏出的破碎文件烘干熨平，拿着它得意扬扬地质问王若飞。王若飞公开承认自己是一名共产党员，此次奉中国工农苏维埃政府的命令，来绥远调查内蒙古人民有没有受日本帝国主义的煽动和迷惑，并组织人民进行反对日本帝国主义的斗争。敌人将文件中的人名一个个提出来，问他们的住址和联系方法。王若飞说：“你们只能抓我一个人，想知道我们同志的真实姓名和住址那是妄想!”此后，他对敌人的追问一律拒绝回答。

包头警察局对抓到王若飞这样的共产党员抱有很大幻想，妄想通过他的口供把内蒙古的共产党员一网打尽。但在王若飞的强硬态度面前，他们感到束手无策，于是便以死来威胁他，企图使王若飞屈服。

一天夜里，敌人闯进了关押王若飞的暗室，他们用枪口对着王若飞，杀气腾腾地说：“只要你说一个‘招’字，马上就开庭；你说一个‘不’字，马上送你回老家。”王若飞毅然答道：“‘招’字早从我的字典中抠掉了!”于是，几个全副武装的警察把王若飞押到包头北面的野地里，用枪对准了他。他从容不迫地整整衣裳，昂然挺立，准备为党和人民的事业献出自己的生命。

突然，敌人开口了：“这是最后的时刻，人生在世，就这样完了吗?再给你几分钟的时间，好好考虑一下。”王若飞断然回答道：“用不着考虑了，开枪吧!”10分钟过去了，敌人仍然没有开枪。

王若飞明白了，这是敌人在玩弄假枪毙的伎俩，立即义正词严地对敌人说：“你们想用死来恫吓我，让我出卖自己的同志，这套把戏对共产党人来说，是没有用的。”敌人见阴谋已被识破，只好丧气地又把王若飞带了回来。

过了两天，警察局局长亲自上阵，对王若飞进行第一次正式审讯。审讯一开始，警察局局长就以权势和酷刑威胁王若飞，拿着腔调说：“我可以叫谁死，也可以让谁活，只因为看你是个读书人，我们还可以客气地谈谈，不动大刑。要是把我惹火了，那就只好先礼后兵了!”接着问道：“你们的人在哪里?”王若飞回答：“长城内外，大青山下，蒙古草原，到处都有。你们不要以为杀害一些共产党人，就可以扑灭革命的火焰。那是愚蠢的妄想!”

这时，王若飞想利用这最后的时刻，给党和人民留下些文字材料，他趁机向敌人索取笔和纸。敌人以为他要写供状，就连忙给他拿来了纸、笔和墨。王若飞握着笔，心中涌起无限的革命激情。他奋笔疾书，写下了自己对共产主义的信仰和为无产阶级革命事业奋斗的决心，阐述了中国共产党救国救民的革命真理；他把国共两党的言行作了分析比较，列出了以蒋介石为首的国民党卖国残民的十四条罪状。

警察局局长还没等王若飞写完，就亲自跑来窥察。当他发现王若飞写的不是供状，而是宣传革命、揭露蒋介石罪行的宣言时，他怒吼道：“我要的是共产党员的名单!”王若飞笑着说：“名单你是永远也得不到的!”无奈，敌人只好把王若飞的笔、墨全部拿走。

（选自《王若飞传》，作者马连儒等）

王若飞（1896年—1946年），无产阶级革命家，贵州安顺人。早年赴日求学及赴法勤工俭学，1931年被捕，1937年出狱后曾任中共中央秘书长等职。1946年4月8日由重庆返回延安途中，因飞机失事在山西兴县遇难。

人民永远记着他

——革命家蔡和森的故事

1931年初，蔡和森根据党中央的指示，从莫斯科回国开展新的斗争。他刚到上海，就遭到以王明为首的左倾错误路线的排斥和打击。他们既没有恢复蔡和森的中央政治局委员的职务，又不批准他到中央苏区去工作的请求，而派他去主持广东省委的工作。当时，广东的党组织遭到严重破坏，省委书记邓发被捕，广东被一片白色恐怖笼罩着，省委暂时设在香港。蔡和森以党的利益为重，从不计较个人得失。3月，他服从组织决定，离开上海前往香港。临行前，刚从香港回来的外甥女刘昂对他说，那里的情况很不好，很危险，劝他暂时不要去。蔡和森回答道："干革命，哪里需要就去哪里，不能只考虑个人的安危。"

到达香港后，蔡和森同夫人李一纯住在一家洋酒罐头公司的楼上，对外的公开身份是这家公司的职员。为了替党节省开支，他没有在附近另外租房子办公，而是每天跑一段很长的路到秘书那里去听取汇报、批阅文件、研究工作，十分繁忙。

香港这个地方情况本来就很复杂，蔡和森到达香港不久后，党内叛徒顾顺章也到了这里。顾顺章因为过去职务的关系，对长期在党中央担任领导工作的蔡和森是熟识的。但是蔡和森仍置个人安危于度外，每天照样离开寓所外出工作。

6月10日，香港海员要举行一次重要的会议。中共广东省委考虑到这样一个群众性集会很可能会混进侦探、特务，所以没有安排蔡和森去参加。但蔡和森认为，会议既然这样重要，不去他不放心。会议从上午开始，地点距蔡和森的寓所不远。快到中午时分，他决定赴会。临走时，他对李一纯说："下午一点前我一定回来，如果没有回来，那就是被捕了。"果然，他一进会场，早在那里守着的叛徒顾顺章，带着四个便衣特务将他逮捕了。同时被捕的还有施滉等四人。

蔡和森被捕后，党组织立即采取了营救措施。党员李少石通过一个社会团体与香港英国当局联系，答应付给一笔巨款将蔡和森保释。但是，当李少石筹足这笔款时，蔡和森已被引渡给广东军阀陈济棠了。在广州的监狱中，他受到国民党反动派的种种酷刑。蔡和森横眉冷对，没有暴露党内的任何情况。他被打得血肉模糊，躺在地上动弹不得。难友们见了都伤心地哭泣，他却鼓励大家坚持斗争，并说最后胜利一定是属于我们的。

敌人的残酷折磨丝毫动摇不了蔡和森的坚强意志。他们终于使出了灭绝人性的一手，将蔡和森拉到监狱的墙边，把几颗长铁钉摆在他面前，进行威胁、恐吓，蔡和森宁死不屈。敌人野蛮地用铁钉把他的四肢钉在墙壁上，然后用刺刀将他的胸脯戳得稀烂。为了党的事业，蔡和森就这样壮烈牺牲了，时年36岁。

蔡和森牺牲后，党和人民始终深切地怀念他。毛泽东曾在一次谈话中说："一个共产党员应该做的和森同志都做到了。"周恩来也说过："和森同志是永远值得我们怀念的。"1980年纪念蔡和森诞辰85周年时，邓小平题词："蔡和森同志是我党早期的卓越领导人之一，他对中国革命做出了重大贡献，中国人民永远记着他。"陈云题词："向为革命而牺牲的蔡和森同志致敬。”聂荣臻题词：“我党早期的无产阶级革命家蔡和森同志永远活在我们心中。”

（选自《理想·战斗·献身》，国防科工委政治部编）

蔡和森（1895年—1931年），无产阶级革命家、理论家、宣传家，湖南双峰人。1918年与毛泽东一起组织新民学会，并创办《湘江评论》。曾赴法勤工俭学，回国后曾任中共中央代理秘书长、中共两广省委书记等职，1931年被捕后壮烈牺牲。

面对黑洞洞的枪口

——革命烈士李硕勋的故事

1931年9月，香港九龙南华药房柯麟大夫和爱人陈志英，收到一封来信，信中写道：

陶：

余在琼已直认不讳，日内恐即将判决，余亦即将与你长别。死后勿为我过悲，唯望善育吾儿，你宜设法送之返家中。你亦努力谋自立为要。绝不许来，千嘱万嘱。

勋

9月14日

这是当时中共广东省军委书记李硕勋在海南海口被捕后就义前，写给妻子赵君陶的遗书。为了使遗书既能送到亲人手中，又能保护党组织和同志们的安全，李硕勋同志通过狱卒将信寄到香港九龙林增华家，再由林家转寄给柯麟大夫。遗书中提到的“善育吾儿”中的“吾儿”，便是新中国前国务院总理李鹏同志，当时他年仅3岁。李硕勋在就义前的唯一愿望，就是要求赵君陶把李鹏抚养、培育成革命事业的接班人。正如老教育家吴玉章在《悼念李硕勋烈士》的诗中所写的：遗骨琼州何处觅？喜看红日照天涯。

烈士若知后代已长大成人，他在九泉之下，也定会感到欣慰。

李硕勋烈士，1924 年加入中国共产党，曾长期领导学生运动。南昌起义时，他担任起义主力之一的第二十五师党代表，南下时协助朱德留守三河坝，失利后转战湘南。随后，他任过浙江省委代理书记、江苏省军委书记。

1931 年，南方形势紧张，李硕勋根据党的指示，于 5 月 20 日在上海码头告别阳翰笙和妻子赵君陶及未满 3 岁的儿子李鹏，去香港接受革命任务。他与南华药房地下党员柯麟大夫接头，准备赴粤赣边区，赶上从广西远征而来的红七军，去担任该军政委。这时，广东省委机关多次被破坏，有些领导同志牺牲，迫切需要大批干部，省委请求中央留李硕勋在广东工作。党中央和中央军委同意广东省委的意见，任命章汉夫为广东省委书记，任命李硕勋为中共广东省军委书记，留在香港工作。

这年 7 月，赵君陶带着儿子李鹏由上海到了香港。李硕勋一家三口就住在军委机关，这个机关以商店作掩护。

不久，广东省委决定派李硕勋到海南筹谋游击战争，主持召开琼崖游击队负责人的军事会议。告别时，柯麟大夫深切地告诫他，你不懂海南方言，到陌生的地方搞秘密工作要十分警惕。李硕勋离港乘船去琼州时赵君陶送行，她没有告诉丈夫自己已怀孕。李硕勋只知道自己有个儿子李鹏，还不知道有个遗腹女李琼。临别时，赵君陶千叮万嘱，要他沿途格外小心，望他在琼崖军事会议后早日返回香港。

李硕勋到达海口后，按秘密地址与琼崖党组织军事负责人联系时，因为他是四川人，不懂海南方言，又无社会关系作掩护，很快被叛徒发觉出卖，8 月 13 日深夜李硕勋落入广东反动军阀陈策之手。

在海口监狱中，敌人残暴地折磨李硕勋，使他体无完肤，腿骨被折断，但他仍然坚贞不屈。他知道是叛徒出卖，说出了自己的身份，愤怒极了。为了不牵连家乡庆符县的亲友，他在狱中改籍贯为四川宜宾，并改名为李世勋。

在狱中敌人软硬兼施，劝他投降，李硕勋始终忠贞不贰。他自知敌人不会放过他，于9月初写下两封遗书。一封给其妻子赵君陶，另一封给柯麟大夫的妻子陈志英。他在给陈志英的信中写道：

英姐：

我本不识你，但我知你同我的妻子是朋友，故特写一函存你处托转她。我死不必念，务望代安慰她！并望托人照料她回家！要她向肥兄（章汉夫）要数百元作路费回家（川），把儿子安顿好为要。

勋托

9月14日

陈志英看了这两封遗书，深为李硕勋的高尚情操所打动。当时柯麟大夫怕赵君陶悲伤没有马上告诉她。后来在赵君陶多次追问下，柯麟大夫才把遗书交给她。赵君陶见到丈夫的遗书，悲痛欲绝，泣不成声。她随即报告党中央，并告诉了章汉夫。不久，党中央指示，要迅速尽力设法营救李硕勋同志。

但此时国民党已发出电令，准予在海口就地枪决李硕勋。

1931年9月5日，李硕勋同志在海口东校场刑场就义。他的腿骨已被敌人打断，不能走路，敌人就用竹箩抬着他送往刑场。李硕勋面对黑洞洞的枪口，视死如归，高呼着：“打倒蒋介石！打倒国民党反动派！中国共产党万岁！”李硕勋壮烈牺牲，年仅28岁。

此后，上海互济会给赵君陶寄来五百元，柯麟大夫安排赵君陶带着李鹏回到上海。直到1939年，周恩来同志了解到李鹏住在四川成都的一位亲友家里后，委托邓颖超同志把他接到重庆，后来又送他到延安接受革命教育。1948年，李鹏被送往苏联深造，1955年从苏联学成回国后，逐步锻炼提高，走上了领导岗位。

1986年12月14日，经中共广东省委、广东省人民政府批准，在海口李硕勋同志就义处，建立了“李硕勋烈士纪念亭”。邓小平同志在纪念亭前的塑像上题词：“李硕勋烈士永垂不朽”。

（选自《中华英烈》第1期）

李硕勋（1903年—1931年），革命烈士，又名李陶，四川高县人。1921年组建四川省共青团，五卅惨案后当选为全国学生联合会会长，1931年6月，任中共广东省军委书记，同年在海口被捕，英勇就义。

红色的鼓手

——爱国诗人殷夫的故事

生命诚可贵，爱情价更高，

若为自由故，二者皆可抛。

这是匈牙利爱国诗人裴多菲的一首诗，一位不到20岁的中国青年，把它从德文翻译成中文介绍给中国读者。近一个世纪以来，这首诗像一支高亢的进军号角，激励无数中国青年走上革命的征途。这位译者就是“左联”五烈士之一，青年革命诗人殷夫。

1926年，殷夫告别慈爱的母亲，来到大城市上海。这时，他的大哥已经在国民党的军队里当官了，他奉大哥之命投考中学。这期间，上海工人阶级和各界人民掀起的反帝反封建的爱国运动，使这个农村来的青年开阔了眼界。五卅惨案和上海工人三次武装起义可歌可泣的英雄事迹，更令他激奋不已。早先的苦闷心情，已经被阶级仇和民族恨所代替。在浦东中学，他开始了革命活动，投身于反帝反封建的战斗行列。不久，他加入了中国共产主义青年团，成为了一个真正的革命战士。

1927年4月13日，蒋介石叛变了革命，投向帝国主义和地主买办阶级的怀抱，在上海宝山路血洗中国共产党人和革命者。刚走上革命道路的殷夫参加了丝织厂工人的罢工。由于有人告密，他被捕入狱，在狱中受尽严刑拷打，几乎被折磨死。一天，有个警官前来诱降，这家伙满口宁波方言，以所谓同乡的身份进行劝导，要他离开革命队伍，妄图诱使年轻的殷夫出卖自己的同志。殷夫没有低头，反而把那个坏蛋痛骂一顿。在狱中，他设法买通了看守，给大哥寄信。坐了三个月牢之后，他在大哥的保释下出狱了。这次被捕，对刚满 17 岁的殷夫来说，确实是严峻的考验。

第二年秋天，在上海同济大学读书的殷夫，又因参加工厂罢工第二次被捕入狱。他的大哥再次将他保释出来，把他“软禁”在自己的“脚下”。反动派的铁窗关不住革命战士的心，大哥的骨肉温情也软化不了他的革命斗志。不久，他又跳出大哥设下的樊笼，继续奔向革命的道路。

殷夫的大哥名叫徐培根，这些年来，他官运亨通，平步青云。作为弟弟的殷夫，要是肯听从大哥的吩咐和安排，飞黄腾达的日子自然也会到来。然而，他却偏偏走上了一条与大哥相反的路，这是一条荆棘丛生、闪烁着刀光剑影的路。

殷夫走上革命道路不久，已两次被反动派投入监狱，历尽了磨难，由于他大哥的保释，才免遭于害。不过大哥的保释并不是无条件的，其目的在于阻止弟弟奔向革命。

当殷夫第二次被徐培根从监狱中保释出来时，这位大哥已升任为蒋介石政府的航空署长了。此刻，他正在杭州西子湖畔的别墅度假，刚出狱的弟弟被送到了他的身边。身居高位的兄长发了很大的脾气，面对着劈头盖脸的训斥，殷夫强忍着，以沉默作为反抗。当大哥命他反省、悔过时，他断然拒绝。

有一天，大哥又找他训话，要他继续预备功课，准备送他去德国柏林

留学深造。以徐培根的地位和权势，这是完全能办得到的。殷夫着急了，他觉得再也不能忍受下去，就坦率地对大哥说："柏林，我是不去的；要去，就去莫斯科。"徐培根气得暴跳如雷，但也无可奈何。他决定还是把弟弟送回象山家中，严加看管，企图隔绝殷夫同外界的联系。

抽刀断水水更流。路遥水阔切不断殷夫对无产阶级革命的缕缕情思。1928年底，殷夫在友人的帮助下又逃离家乡，跳出了牢笼。在上海过了一段时间的流浪生活后，他终于同党组织重新联系上了。从此，他毅然割断了大哥的一片"深情蜜意"，成为一个专门从事秘密工作的革命者。

1929年"四一二"反革命政变两周年的那一天，殷夫写下了著名的诗篇《别了，哥哥》，诗人把它"算作是向一个Class（阶级）的告别辞"。全诗共11节44句，感情深沉决绝，真挚而不矫揉造作。对于怀有同胞骨肉情意的哥哥的"保护和扶养"，诗人写出了自己由衷的感激之情，但对于作为反动阶级代表的哥哥，诗人又向他表明了坚定的无产阶级立场，同他作出最后的告别和彻底的决裂！在诗的结尾，诗人殷夫大声宣告：

别了，哥哥，别了，
此后各走前途，
再见的机会是在，
当我们和你隶属的阶级交了战火！

这年7月，殷夫第三次被捕，尽管遭到惨无人道的毒打，他再也没有去找大哥保释，切实地履行了自己的誓言。经过斗争，他再次被释放。

那时候在充满白色恐怖的上海，地下革命者的生活非常艰苦，有时甚至饥寒交迫，殷夫也不例外。他身上经常穿的是一件破旧的爱国布长衫，有时啃两个大饼就挨过一天。为了防备反动鹰犬的追捕，他不得不经常搬家。他的住所很狭小，只能放一张简陋的书桌、一把破椅子和一只随身携带的柳条箱。睡觉的帆布床上放着一条旧棉被，有时还得将它送进典当铺，换钱充饥……

1930 年 3 月，以鲁迅为首的中国左翼作家联盟成立了，青年诗人殷夫也被列为发起人。殷夫的独创一格的“红色鼓动诗”，使他成为左联最有影响力的诗人之一。鲁迅对殷夫的诗作了高度的赞扬，说“这是东方的微光，是林中的响箭，是冬末的萌芽，是进军的第一步，是对于前驱者的爱的大纛，也是对于摧残者的憎的丰碑”。

1931 年 1 月 17 日，殷夫外出回到住处，接到要他去三马路东方旅社参加党的秘密会议的通知。由于叛徒的告密，东方旅社内外早已布满了敌人的特务和密探。他刚走进旅社，就被捕了。同时被捕的，还有柔石等 4 位左联作家和其他参加会议的 30 多位共产党员。

在监狱里，殷夫和同志们一起坚持斗争、坚持学习。他还帮助柔石学习德文。在牺牲的前两天，他将一张字条传给友人，上面写满密密麻麻的小字，丝毫没有提到自己受尽酷刑的情形，只说要一些钱。可是，就在 2 月 7 日深夜，这位年仅 21 岁的中国无产阶级革命者，同其他革命志士一起，被万恶的国民党反动派秘密枪杀。

诚如鲁迅所指出的，烈士的鲜血“永远在显示敌人的卑劣的凶暴和启示我们的不断斗争”。

龙华千古仰高风，
壮士身亡志未穷。
墙外桃花墙里血，
一般鲜艳一般红。

这一首 1934 年春写在龙华监狱高墙上为悼念殷夫、柔石等烈士的颂诗，强烈地表达了人民对烈士们的绵绵不尽的哀思。

（选自《中国现代爱国者的故事》，作者娄胜亚）

殷夫 (1910 年—1931 年)，现代诗人，笔名白莽等，浙江象山人。1927 年在上海参加革命文学团体太阳社，因参加革命活动多次被捕，被害于上海龙华。著有《殷夫选集》等。

身在海外 心向祖国

——生物学家童第周的故事

1931年9月18日，是我们每一个中国人都应该牢记的日子。

就在这一天，日本帝国主义的魔爪伸向了我国的东北境内，悍然发动了震惊世界的侵华战争。

蒋介石集团投降卖国，采取不抵抗政策，使日军很快占领了东北和华北的大部分地区。成千上万的中华儿女惨死在敌人的屠刀之下。

这时候，童第周正在比利时留学。他生病了，住在布鲁塞尔的一家医院里。当他从报纸上看到日军的侵略罪行时，胸中燃起了愤怒的烈火。他扔下报纸，急匆匆地找到医生，恳求道："我有急事，请允许我马上出院，行吗？"

看着童第周那焦急的样子，医生只好勉强同意了。

走出医院，童第周找到一位东北籍中国留学生，激动地说："国家兴亡，匹夫有责。我们要为挽救祖国的危亡做些事情!"

"我们远在异国他乡，能有什么办法解除民族的灾难呢？"这位东北籍留学生为难地说。

童第周猛地站了起来，挥着拳头说："依我看，咱们要快点组织起来，上街游行，散发传单，抗议日军的野蛮侵略，争取全世界人民的同情和支持!”于是由童第周执笔，起草了一封给中国留学生的信，然后抄写了20多份，当天就发了出去。

第二天，有十几名中国留学生按信中的约定，来到了一家咖啡馆。大家相互交谈，格外亲切。大家一致表示，身在海外，心向祖国，紧密团结，要为抗日救国而努力。经过讨论，他们决定马上成立中国学生会，并抓紧进行示威游行的准备。

几天后，中国学生总会成立了，童第周被推选为总会的负责人。当时，他已经获得了博士学位，正在一所高级实验室里做研究工作。

为了保密，童第周白天上班，夜晚进行活动。他不是召集会议，就是刻写传单，常常忙得通宵达旦。

经过一番紧张的准备，一支由中国人组成的游行队伍，终于走上街头，冲到了日本驻比利时大使馆的门前。童第周带领大家高呼口号：

“日本侵略者必须从中国滚出去!”

“全世界人民团结起来，声讨日本帝国主义的侵略罪行!”

随着响亮的口号声，一张张传单飞到了围观群众的手中。

日本大使馆铁门紧闭，大使惊恐万状，正在拼命地摇动电话机，他声嘶力竭地叫着：“喂，喂，警察局吗？中国学生在我们日本大使馆门前闹事了，请快派人来抓住他们。快，越快越好!”

不一会儿，比利时警察局果然派出一群武装警察，开着警车赶来了。他们一齐扑向赤手空拳的中国学生。学生们奋力抵抗，但寡不敌众，几名中国学生被凶狠的警察拖上了警车。童第周和其他几位同学好不容易冲了出来，逃到了原来集会的那家咖啡馆。

他们围坐在一起，小声谈论下一步该怎么办。童第周提出：“我打算去找北京大学法律系的教师，请他们从法律上帮助我们。不管怎样，要千方百计把被捕的同学营救出来。”

话音刚落，一群警察突然冲了进来，童第周和在场的中国学生全部被捕了。

来到警察局，警察头子声色俱厉地审问道：“你们中间谁是带头闹事的？”

“是我！”童第周理直气壮地回答道。

“是我!”

“是我!”

大家异口同声地喊了起来。

“好吧，既然你们都承认自己是带头的，那就统统关押起来再说。”警察头子一挥手，童第周等人全部被带走了。

过了几天，法院开庭审判了，童第周等人被押送到被告席上。法官以“扰乱社会治安”的罪名，宣布判处他们每人有期徒刑两年。

这时候，一位义务律师气愤地站了起来，高声说道：“法官先生，我为你的这种不公道的判决感到遗憾! 日本人侵占了他们的祖国，蹂躏了他们的亲人，难道他们连游行抗议的权利也没有吗？如果德国人占领了比利时，是否比利时人就束手就擒呢？”

法官目瞪口呆，一时说不出话来。

这位义务律师原来是比利时的前任司法部长，他是受北京大学法律系教师的委托，前来为童第周等人辩护的。他义正词严地继续说道：“比利时政府有义务支持他们的行动，而没有任何理由去干涉这种正当的活动。否则，我们将要受到世界公正舆论的谴责。”

接着，又有几位旁听的群众先后起来发言，对这位义务律师的辩护表示坚决支持。

在公众的压力下，在正义和真理面前，法官不得不宣布判决作废。就这样，被捕的中国学生全部得到了释放。

回到住所，童第周躺在床上，思绪万千，久久不能入睡。他想：我应当回去，在祖国的土地上，为抗日救国贡献力量。即使是拿起刀枪拼杀一场，也总比待在这遥远的地方散发几张传单有用。

1933 年冬天，童第周终于告别了再三挽留他的导师达克教授，回到了朝思暮想的祖国。

回国后，童第周积极参加抗日斗争，拒绝加入腐败无能的国民党，表现了一位爱国知识分子的崇高气节。

（选自《科学家的美德》，韩其洲编写）

童第周（1902 年—1979 年），生物学家、中国实验胚胎学的主要创始人，浙江鄞县人。1933 年在比利时留学获博士学位，回国后任复旦大学等校教授，新中国成立后任中国科学院副院长等职。

爱国武士的好友

——戏剧家田汉的故事

20世纪30年代的上海，腥风血雨，白色恐怖十分严重。

作为中国左翼戏剧家联盟的负责人，田汉在党的领导下既要积极地开展戏剧宣传活动，又要适应当时的政治形势，巧妙地进行革命斗争。

1931年9月18日，日本关东军大举进攻我国东北，发动了震惊中外的“九一八”事变。东北沦陷，华北危急，全中国告急。每一个有血性的中国人都义愤填膺，积极奋起投入爱国救亡运动。

“九一八”事变发生后不久，田汉就连着写了《乱钟》《暴风雨中的七个女性》《姊妹》《扫射》《1932年的月光曲》等揭露国民党反动派的“不抵抗主义”、鼓舞群众抗日救国的剧本。尽管他受到国民党反动当局的通缉，身份不能公开，但他还是积极领导“剧联”，并且通过一些左翼剧团的演出，开展抗日救亡的革命活动。

然而，国民党反动派加紧对外妥协投降、对内残酷镇压，对于宣传抗日救国的演出活动横加禁止。他们不惜采用最卑劣的手段，包括禁演、通缉、杀害“剧联”成员。剧团冲破种种阻力演出，而国民党特务及其收买的打手则混在观众中捣乱剧场，殴打演员以及观众，使演出不能终场。这使“剧联”的同志们很是恼火。

当时，上海有一个查瑞龙武术团，主持人是查瑞龙、彭飞两名武术师。他们身强体壮，靠着一身好武艺闯荡江湖。他们文化水平不高，但有着满腔热血，常常感叹报国无门。他们曾带领武术团到过南洋一带，在英、荷殖民地给华侨表演，受到热烈欢迎，同时也受到帝国主义殖民当局的歧视和刁难。他们一面以祖国武术的高超技艺而感到自豪，一面又以作为中国人受到迫害而感到愤慨。他们富有爱国心和正义感，也很钦慕田汉，非常想和在戏剧界享有很高声望和影响力的田汉结识。

经过介绍，查瑞龙、彭飞终于和田汉见面了。田汉对他们非常尊重，极力赞扬他们的爱国心和高超武艺，这使两位武术师十分感动。他们想：田先生是有学问的人，懂得天下大事，却对我们这样的武夫敬如上宾，确实难得!

经过几次接触，两位武术师对田汉十分敬佩，也有了深厚的感情。他们每次都向田汉请教一些自己不懂的问题，诸如中国人为什么会受别人欺负，为什么外国人在中国横行霸道，东北的难民为什么流亡到关内，中国人究竟怎样才能打败洋人……田汉都耐心地一一给他们解答，告诉他们什么是帝国主义，日本人怎样侵占了东北，并且想把全中国变成南洋那样的殖民地，而国民党当局又是怎样卖国投降、镇压人民的。

“那不是又出了秦桧吗?”查瑞龙捏紧了拳头，跟他的同伴彭飞说。

“日本狗强盗！这国民党真是太可恶！”彭飞额角的青筋也气得暴了出来。

“是的，日本帝国主义之所以敢欺负我们，就因为中国积弱太深，我们要唤起全国同胞一致抗日，把帝国主义赶出中国，使中国人民真正做自己国家的主人。全国人民都起来了，卖国贼无计可施，中国就有希望。”田汉细致地给两位武术师讲道理。

“田先生，您是知书识礼的人。我们头脑简单，但懂得爱国。以后该怎么做，需要我们兄弟，只管吩咐。”查瑞龙、彭飞二人几乎同时对田汉说道。

此后，田汉就和这两位爱国志士交上了朋友。田汉觉得在他们身上有着宝贵的爱国精神，有着旺盛的精力，应该团结他们一道参加抗日救亡斗争。

1932年底至1933年初，“剧联”动员了30几个剧团，利用公开关系在新世界连续演出一个多月。田汉虽已调至“文委”(中国共产党上海中央局文化工作委员会)工作，但仍关心“剧联”，亲自过问演出活动。他经常到新世界后台去看望各剧团，并临时编一些活报剧演出。当时形势非常紧张，国民党特务打手四处埋伏，经常破坏演出。彭飞知道后，自告奋勇每晚到新世界前后台防卫。有几次，特务打手干扰演出，彭飞等挺身而出，把这些坏蛋赶跑了。因为彭飞武艺高强，特务走狗们都不是他的对手。有一次，彭飞抓住一个小特务，把他揪到后台。演员们都气愤至极，围了过来。小特务十分狼狈，但又有恃无恐，不肯服输。彭飞指着他的鼻子问：“你是不是中国人？你捣乱破坏，是何居心？”

小特务理屈词穷，最后给彭飞和围着的演员们作了一圈揖，说：“小的有眼不识泰山，实在该死。师傅放了我，下次绝不敢再来!”

“你不用给我彭某作揖，我彭某没有什么了不起。你好好向这些先生陪不是，他们为了救国，不图名，不图利。你要是稍有良心，也不该干这些勾当!”

“是，是!”小特务哼哼着，抓起小帽就溜走了。

田汉上前拉着彭飞的手，表示感谢。彭飞有点儿不好意思地说：“田先生，抗日救国是每个中国人的责任。我懂得这个道理，也是您教给我的。我编不了戏，演不了戏，有点儿力气，就尽我这点儿力气。”

由于彭飞护场，特务走狗们惧怕几分，捣乱的情况也有所好转。

后来，彭飞通过熟人的关系，还说服了一个姓严的资本家出钱开办了一个电影公司，一切请田汉主持，把电影的编、导、演以及摄制安排都交由田汉指挥，这就是当时在上海颇有影响的艺华影片公司。这也是党的电影小组直接领导电影工作的一大胜利。田汉还特意为彭飞写了一部电影《肉搏》，反映爱国抗日内容，由彭飞主演。

（选自《中国现代文化名人爱国故事》，作者章垣）

田汉（1898 年—1968 年），戏剧家，湖南长沙人，留学日本。回国后，与郭沫若等组织创造社等进步团体，发起与组织左翼戏剧家联盟等。新中国成立后，任中国戏剧家协会主席、全国文联副主席等职。国歌《义勇军进行曲》的词作者，著有《田汉文集》。

怒斥卖国贼

——军事家陈赓的故事

1933年3月，陈赓同志被捕后不久，被押到南京进行严刑审讯。

当时，正在南昌指挥围剿红军的蒋介石，知道陈赓是黄埔军校第一期毕业生中的优秀人才，足智多谋，年轻有为，是难得的军事指挥官。于是，他命令南京政府立即把陈赓押到南昌，他要亲自出马迎接贵客。

陈赓被押到南昌的第二天，蒋介石传令要会见他。

蒋介石见陈赓蓬头垢面、衣衫褴褛，先责骂南京政府有眼不识泰山，未经他许可就随便用刑；后又带有几分歉疚地关照陈赓的生活。

蒋介石觉得自己跟陈赓有着特殊的缘分。因为在国民革命军第二次东征中，陈赓同志曾冒着危险救过他的性命。于是，他把这件事挂在嘴边上，装作知恩图报、感激不尽的样子。陈赓一眼识破了蒋介石的用心，坦率地说道："你想把我怎么样就直说吧，用不着转弯抹角。"

蒋介石笑一笑，把一杯茶递给陈赓，说道："你是校长的好学生，我很佩服你的才华。虽然你在政治上犯了错误，但看在我们过去的交情上，我还是能原谅你的。"

陈赓把脸转向一边，冷冷地答道："谢谢你的好意，不过，我并不需要你这种原谅。"

蒋介石感到很扫兴，停了片刻，他递给陈赓一张纸，皮笑肉不笑地说："只要你肯写几个字，什么事都好商量。""写什么字？""自首……"陈赓猛地一把夺过蒋介石手中的纸，挥笔疾书，写满了"打倒蒋介石，打倒卖国贼"等口号。蒋介石气得昏头涨脑，他连连叫着："你这个态度，你这个态度……"然后命令把陈赓押下去。

一计不成，又生一计。过了几天，蒋介石又把陈赓请到自己的办公室，满脸赔笑地给陈赓让座、倒茶，并为自己前天的粗暴失礼向陈赓道歉。陈赓没有入座，蹲在旁边的沙发上说："你不要逢场作戏了，你的一举一动、所作所为我都看透了，我希望你对我不要有任何幻想。"蒋介石又挨了当头一棒，感到很难堪。不过，他还是极力装作镇静。"不要激动，不要激动，我……我看你还是当年咱们一块共事时的脾气。今天谈点儿别的，谈点儿别的……"蒋介石带着浓重的浙江口音，结结巴巴地掩饰着自己的窘迫。他站起身来，在屋里来回踱着步子，僵持了一阵，才说道："现在国家弄得这么糟，每天都有人在流血，中国不能这样沦陷……"

陈赓当即打断了蒋介石的话，义正词严地说道："这还用你表白吗？谁造成的这种局面，中国人民心里有数。你不主张抗日，却发动内战，屠杀人民，难道这些责任还要我们负吗？"蒋介石听完后目瞪口呆，不知所措。

"你还年轻，前途无量啊。俗话说'人生一世，草木一秋'，我劝你还是想开点……"蒋介石斜了陈赓一眼，接着又说，"你是个大将军，还穿着满身虱子的衣服，这多不体面啊！"陈赓答道："我陈赓天生和虱子有缘分，虱子是革命虫。"蒋介石又说道："草鞋总该换换吧？"陈赓冷冷地答道："我就是个草鞋将军。"蒋介石嘴里像塞了团棉花："这……

这……”半天没说出一句完整的话。又僵持了一阵，蒋介石说：“只要你肯过来，愿意带兵，我马上给你个师长，就是给你个军长，也是一句话。不愿意带兵嘛，也好，我可以给你个特务总队长干，只要你答应同我合作，这些都由你挑……”

陈赓再也按捺不住心中的怒火，慷慨激昂地说：“我一进来不是跟你说了吗，我陈赓是中国共产党员，决不做你的狗官。更不会像你一样卖国求荣，背叛革命，榨取人民的血汗，来供自己享受！你想让我叛变自首，哼！你打错了算盘!”蒋介石勃然大怒，拍案而起：“放肆！你这样不识抬举，可别怪我忘恩负义。来人!”卫兵们一拥而上，扭住了陈赓。蒋介石喊了声：“慢!”他命令卫兵用枪口对准陈赓的胸膛，凶相毕露地问道：“说！你到底投不投降？”陈赓昂着头，以凛然不可侵犯的英雄气概，斩钉截铁地说：“要打要杀都由你，我陈赓对你没二话!”

蒋介石恼羞成怒，暴跳如雷，但又无计可施，只好命令士兵先把陈赓押回监狱。后来多亏宋庆龄同志及时组织营救，陈赓同志才免遭杀害。

（选自《名人道德情操小故事》，刘润生编）

陈赓（1903年—1961年），无产阶级革命家、军事家，湖南湘乡人。新中国成立后，任中国人民解放军副总参谋长、国防部副部长、中央委员等职。1955年被授予大将军衔。

为营救爱国者而流血

——民主革命家杨杏佛的故事

1933年6月20日，大雨如注，上海胶州路万国殡仪馆灵堂，庄严肃穆。宋庆龄、何香凝、蔡元培、沈钧儒、鲁迅、刘海粟等百余知名人士，隆重吊唁一位为中国革命事业殉难的烈士，他就是一贯支持中国共产党而被国民党特务暗害的民主革命家、中国民权保障同盟总干事杨杏佛。

大革命失败后，杨杏佛不满蒋介石上台后的白色恐怖政策，在1931年去江西考察时，耳闻目睹工农红军的深得民心与国民党军队惨绝人寰的行径。

经过反复酝酿，宋庆龄、蔡元培、杨杏佛等都认为，用个人抗议的方式，同国民党反动派滥捕滥杀爱国志士的倒行逆施做斗争是远远不够的；必须发动更多的人，组成一个专门保护及营救所有抗日爱国的“政治犯”，争取人民的言论、出版、集会、结社等自由的团体，才能适应抗日救亡运动高涨的形势。就这样，第二次国内革命战争时期一个重要的爱国团体——中国民权保障同盟，在上海诞生了。

1933年1月，杨杏佛来到北平建立同盟北平分会。在这段时间里，他常深夜去顺承王府找张学良，洽谈释放许德珩等人的事宜。他身披黑色斗篷，不辞辛劳地去监狱探望被监押的刘澜涛、薄一波、安子文等共产党人，并置自己安危于度外，参加由中国共产党所组织的公祭李大钊的示威游行，毅然将亲笔写的挽联放在队伍前头醒目位置，这副挽联是：

南陈已囚，空教前贤笑后死；

北李如在，哪用吾辈哭先生。

3月8日，由30多个人民团体联合组成的国民御侮自救会在上海青年会宣告成立。会上，刚返沪的杨杏佛代表中国民权保障同盟发表慷慨激昂的演讲。自救会强烈要求：当即武装全部民众，保障民权，要求一切政治自由，反对逮捕、监禁、杀戮爱国志士、革命青年，援助东北义勇军，立即接济东北义勇军军用品。这些要求触痛了中外反动派的神经，他们很快勾结起来，搜捕并取缔了这个爱国团体。杨杏佛立即以中国民权保障同盟的名义发表谈话，揭露租界当局与中国反动势力沆瀣一气、镇压人民抗日爱国运动的罪行。

3月下旬，省港大罢工的著名领导者之一、东北义勇军的英勇战士罗登贤和廖仲恺之子廖承志，还有余文化、陈广（赓）、陈藻英在上海租界被帝国主义者控以“加入共产党及工会运动”等罪名而拘捕，引渡给国民党当局。这一中外反动派勾结迫害爱国志士的事件一发生，中国民权保障同盟立即召开执行委员会，讨论营救办法，专门成立了一个委员会。4月5日，杨杏佛陪同宋庆龄亲赴南京，以“同盟”的名义要求国民党政府立即释放罗登贤和一切“政治犯”，废除滥刑与对“政治犯”的各种迫害。接着，前往警备司令部探望被捕的罗登贤。杨杏佛还同宋庆龄一起赴江苏第一监狱，探望因同情中国革命惨遭逮捕、迫害的泛太平洋产业同盟秘书、国际友人牛兰及其夫人。宋庆龄、杨杏佛还以国民党中央委员的名义，提出重要建议：要求停止内战，国共合作一致抗日。

5月13日，杨杏佛同宋庆龄、蔡元培、鲁迅等一起，前往上海的德国领事馆，递交了反对德国法西斯迫害革命者、摧残进步文化的抗议书。14日下午，中外反动派又演出了一幕狼狈为奸、捕杀爱国者的丑剧，一群特务闯入坐落在昆山花园路的革命作家丁玲寓所，绑架了丁玲与来访的历史学家潘梓年，谋杀了左翼作家应修人。各界抗议迭起，上海警察局矢口抵赖，否认抓人。杨杏佛经过调查，掌握了这个预谋已久的绑架、谋杀案的来龙去脉，一面呼吁各界团体紧急行动，给予丁玲、潘梓年以有力声援，一面向租界当局提出严正交涉。事件发生后的第10天，由杨杏佛起草、文化教育界38位知名人士联合署名的电报，发到了南京政府行政院、司法行政部，强烈要求释放“在著作界素负声望”的丁玲、潘梓年。中外反动派以为得计的这一阴谋，如此迅速地暴露在光天化日之下，受到了国内与国际舆论的谴责。

还在“同盟”酝酿之时，国民党中央党部就书面警告蔡元培、杨杏佛，诬蔑他们为“政治犯”争民权，乃是“为反动张目”；“同盟”成立后，再次警告他们，把“同盟”活动诬为“保障反革命及共产党要犯”，请最高当局下令解散该团体。一些国民党反动派的喉舌报刊，更对“同盟”竭尽诬陷、诅咒之能事。

就在5月间，杨杏佛收到了最后通牒式的恐吓信，信封内装有子弹头，信上威胁他必须立即退出“同盟”。在这之前，杨杏佛还曾接到国民党政府的通知，表示要给他一个名义出国考察，以脱离国内政治运动。无论是软的一手，还是硬的一手，杨杏佛都不为所动，以更昂扬、无畏的姿态投入到艰险的斗争中去。

秉承蒋介石旨意的军统特务头子戴笠，策划了行刺杨杏佛的计划。杨杏佛年轻时患严重的肺结核，但他采取运动疗法，坚持骑马等体育活动。特务们很快侦察到杨杏佛每天活动的规律，准备在他早上策马驰骋大西路、中山路一带时动手。但蒋介石不同意这个方案，因为把杨杏佛暗杀在租界以外地区，既达不到威吓宋庆龄的目的，又增加了国民党政府负责破案的麻烦。戴笠只好改变计划，亲自前往上海布置在国际出版品交换处附近行刺的方案。

6 月 18 日是星期日，杨杏佛清晨起床，穿好骑马的装束，7 时许带上儿子乘坐一辆敞篷汽车，刚驶出国际出版品交换处大门，忽然枪声大作。在这危急的刹那，杨杏佛爱子心切，全身俯伏在儿子身上作掩护。4 名特务向杨杏佛连连射击，罪恶的子弹击穿了这位奋力保障民权的爱国志士的心脏，时年仅 40 岁。

（选自《中国现代爱国者的故事》，作者王国荣）

杨杏佛（1893 年—1933 年），民主革命家，江西清江人。留美回国后曾任孙中山秘书、中央研究院总干事、中国民权保障同盟总干事。著有《杨杏佛文存》《杨杏佛讲演集》等。

我是中国人

——民族英雄吉鸿昌的故事

有了对祖国光明前途的自信，必定有作为一个中国人的自尊。这自信和自尊，是一切爱国者必须具有的品格。我们这里讲的，是一个有着这样伟大自信和自尊的真正的中国人，他的名字叫吉鸿昌。

1931 年 8 月，蒋介石命令吉鸿昌将军进攻鄂豫皖苏区，吉鸿昌拒绝了这个反动命令，被迫离开了军队，以出洋考察的名义准备到外国去。

当他就要启程的时候，突然从东北传来了日本发动“九一八”事变的消息。吉鸿昌知道后痛哭流涕，毅然改变了出国的主意。他把准备出国穿的西服撕破，扔在地上，对亲友们说：“国难当头，凡是有良心的军人，都应该誓死救国。我是一个军人，不能昧着良心远走高飞，看着祖国受日本人的侵略，看着千百万同胞受日寇的蹂躏而置之不顾。到了这样的紧要关头，我还有什么心情出国?”吉鸿昌立即发电报给蒋介石，坚决要求留在国内率领部队抗日，但是卖国求荣的蒋介石政府却回绝了吉鸿昌的爱国要求。

9 月 23 日，吉鸿昌搭乘“塔夫脱总统”号邮轮，含着热泪，从上海启程，先后到日本和西方各国考察。

在美国，吉鸿昌逗留了近两个月。这期间，他受到了许多意想不到的打击。当他刚一踏上美国土地——西雅图的时候，前来“照料”的国民党政府领事馆人员就说，当地头等旅馆向来不招待中国人，他只好住在二等旅馆。

到了纽约，吉鸿昌被人领着参观中国城地下博物馆。里面陈列的，尽是些帝国主义侵略我国时搜罗去的旧社会的东西，如鸦片烟枪、烟灯、缠足小脚妇女的鞋子、男人头上的发辫，以及各式各样的封建迷信用品。他们企图用这些东西说明中国是极端落后的野蛮民族，非得受西方文明的白人统治不可。这让吉鸿昌感到十分气愤，认为这是对中国人的莫大污辱。

他在欧美国家考察的过程中，言谈豪爽，举止大方。在那些盛气凌人的帝国主义分子面前，毫无奴颜婢色，处处显示出崇高的民族自豪感。对于殖民主义者的轻蔑歧视，吉鸿昌总是给予最坚决的回击。

1931 年 11 月 1 日，吉鸿昌初到纽约港，国民党随行人员劝他脱掉帽子，以表敬仰之意。吉鸿昌说：“这里有人住这么好的大楼，有人却住贫民窟，我不喜欢它！也不脱帽！”

有一次，吉鸿昌到华盛顿的一家邮局去寄东西，当他告诉邮局的工作人员说自己是中国人，要把东西寄回中国的时候，那个工作人员竟然高傲地眯起了眼睛，故意地耸了耸肩膀，轻蔑地说：“中国？我不知道中国，哈哈……”

吉鸿昌气得脸色铁青，正要发作，随行的国民党使馆参赞埋怨他说：“吉将军，你为什么说你是中国人呢？你可以说你是日本人，这样就会受到尊敬。”

吉鸿昌不等对方说完，怒不可遏地瞪着眼，上前一把抓住他的衣领，大声训斥道：“你觉得做一个中国人丢脸吗？我觉得做一个中国人光荣得很！我吉鸿昌誓死不当洋奴！”说罢，立刻回到住处找了一块小木牌，在上面写了“我是中国人”五个大字，并在中文下面注上英文，挂在胸前，威风凛凛地出入于大庭广众之中。他想让外国朋友们都知道，中国人是有

血性的，有着五千年文明史的中华民族，一定会重新振兴起来的!

当吉鸿昌挂着“我是中国人”的牌子走在街上的时候，果然引起了很多人的注目。但他总是挺着胸膛、昂首阔步地穿过围观的人群，显示出身为中国人的骄傲。

吉鸿昌从美洲到欧洲，到处宣传抗日主张。在一次记者招待会上，有人问：“日本人有飞机、军舰、大炮，中国人凭什么抗日？”

他愤然拍着胸脯答道：“我们有热血，有全中国人民的热血。我国人民的激愤已经达到了极点，莫不抱着‘宁为玉碎，不为瓦全’的决心，誓愿牺牲一切，为生存而战，为公理而战!”

吉鸿昌还无情地揭露蒋介石卖国反共的真面目，曾写下“渴饮美龄血，饥餐介石头。归来报命日，恢复我神州”，表达了对蒋介石集团的无比愤恨。

吉鸿昌的爱国言行深深地感动了旅美爱国华侨。有一次，吉鸿昌在几千名爱国华侨的集会上，发表了激烈的抗日救国演讲，当场就有一位华侨高声说：“吉将军你快回国把军队整顿起来吧，我们一定做你的后盾!”吉鸿昌激动地含着热泪说：“我一定不辜负同胞们的期望，誓死也要把日本帝国主义赶出中国，中国人决不做外国人的牛马！”

吉鸿昌感慨万分，振臂高呼：“打倒日本侵略者！”“还我河山!”同胞们也同声呼喊，当场就有十几名青年侨胞要求跟他回国抗日。有一位姓魏的华侨商人立即宣布，他已将商店货物财产卖出，集旅费几百万，即日就可回国参军，与日本侵略者决一死战!

吉鸿昌在出国考察的日子里，心境没有一天是平静的。海外侨胞的热盼与寄托，日本帝国主义对中国无止境的进犯，使他再也不能在国外待下去了。他忧心如焚，想到祖国人民的忧患，连做梦也说：“我要回去!”

1932年，日本帝国主义侵略上海，十九路军不顾蒋介石的命令，起来抗战，爆发了“一·二八”事变。消息传来时，吉鸿昌正在法国访问，他被这一抗日热潮所感召，未经蒋介石批准，只身一人，提起行装，搭乘轮船回国了。

在轮船上，吉鸿昌对一位外国记者说：“现在国难当头，全中国人民已经觉悟到，只有团结起来，不惜一切牺牲，为生存而战。我国有形的武器虽然不如日本，但无形的武器，就是所谓‘民气’，却胜过日本百倍，这就能够保证我们取得最后胜利!”

吉鸿昌2月28日抵达上海，他回国后立即投身抗日战争。同年春，他怀着“只有跟共产党走，中国才能得救”的心愿，找到了共产党。党组织经过缜密考察，接收了赤胆忠心的吉鸿昌加入共产党。他在对敌战斗时即兴作诗：“有贼无我，有我无贼；非贼杀我，即我杀贼！半壁河山，业经变色。是好男儿，舍身救国。”

抗日民族英雄、优秀的共产党员吉鸿昌将军于1934年11月9日在天津不幸被国民党特务逮捕，24日在北平英勇牺牲。他在就义前作诗：

恨不抗日死，留作今日羞，国破尚如此，我何惜此头！

（改编自《可歌可泣的爱国主义精神》，赵树林编）

吉鸿昌（1895年—1934年），抗日民族英雄，河南扶沟人。曾任西北军冯玉祥部师长、国民党第二十一军军长、察绥民众抗日同盟军第二军军长兼北路前敌总指挥。1934年11月9日被捕，24日在北平英勇就义。

百花洲的挽歌

——革命家方志敏的故事

方志敏生于1899年8月，1924年入党，是赣东北红色根据地和红十军的创建者。毛泽东同志在苏区曾多次表扬方志敏，在赣东北创建红色政权，深入土地革命，扩大人民武装，“是正确的”“有很好的创造”“是模范工作者”“认真地在那里进行工作”“仔细地在那里解决问题，他们在革命面前是真正负起了责任”。

1934年7月，方志敏遵照党的指示，领导红军抗日先遣队北上，中途受到了国民党的重兵包围。经过激烈战斗，因弹尽粮绝和叛徒出卖，方志敏于1935年1月不幸被俘，敌人将方志敏押送到南昌国民党驻赣绥靖公署军法处看守所。当天黄昏，方志敏昂首挺胸走下囚车。敌军法处头子狞笑着问：“方先生，你现在有何感想？”方志敏怒视着敌人，冷笑着说：“先生们，不要高兴得太早了！落入你们的魔掌，对于一个共产党员来说，只意味着一场新的战斗的开始。不信，就睁开你们的眼睛往下瞧吧！”

宣传民众　抗日救国

这天，南昌城里戒备森严，方志敏被戴上手铐脚镣，站在一辆铁甲车上。他看见无数黑洞洞的枪口，正威逼着会场上黑压压的人群。方志敏识破了敌人的阴谋，高声演讲道：“国民党想用这个办法来玷污我一个共产党员的尊严，想利用我的被俘动摇群众对我党的信仰和对革命必胜的信心，扑灭人民心中的革命火焰。那是白日做梦，办不到！”

一个满脸横肉的家伙开腔了：“女士们，先生们，他就是方志敏！他……”方志敏不等他说下去，正气凛然地说：“同志们，同胞们！我很高兴，今天能和大家见面，能和大家讲话。同胞们，我们中国外受帝国主义的侵略、压迫，内受贪官污吏、土豪劣绅的统治、剥削，国已不国，民不聊生。要救中国，要为我们的人民谋生存，只有实现共产主义！今天国难当头，我们共产党先遣北上，英勇抗日，但是国民党蒋介石却卖国求荣，枪口对内……蒋介石搞了‘四一二’反革命政变，对人民欠下了累累血债，今天他们又残杀了成千上万的爱国同胞。爱国有罪，抗日有罪，这就是汉奸卖国贼蒋介石他们的主义。他们是中华民族的败类……”

面对张牙舞爪的敌人，方志敏满腔怒火地揭露了国民党卖国投降的罪行，宣传了共产党抗日救国的正义主张。

义正词严　驳斥敌人

蒋介石拍电报给南昌绥靖公署主任顾祝同，密令他一定要劝方志敏投降，但敌人苦心设计的劝降阴谋一次次被方志敏义正词严的痛骂所击破。在审讯室里，敌军法处头子装出一副笑脸说：“方先生，今天，咱兄弟找你来，想跟你谈谈，你是有才干的人嘛，想请你到我们这里来做事。”方志敏立刻斩钉截铁地回答：“我可以告诉你，我们共产党员都是深刻信仰共产主义的，跟你们是誓不两立的。”

敌军法处头子说：“算了吧，方先生！你们已经一败涂地，何必呢！”他一边说，一边装模作样地摇着头。

方志敏驳斥说：“不，在军事上，我们不过暂时受到了一点儿挫折，但是在政治上，我们并没有失败，而且永远也不会失败，共产主义必然要代替资本主义！最后胜利一定是我们的！”

敌军法处头子说：“就算是这样吧！你们的共产主义要得到成功，我看也得200年，为什么要做这样的傻子，去为几百年后的事情拼命呢？”

方志敏义正词严地说：“这是你们永远也理解不了的，因为你们活着是为了自己享乐，而我们共产党人，却是为了党的事业，为了解放全人类！为了党的事业的成功，我们毫不稀罕那华丽的大厦，却宁愿居住在卑陋潮湿的茅棚；不稀罕美味的西餐大菜，宁愿吞嚼刺口的苞羹和菜根；不稀罕舒服柔软的钢丝床，宁愿睡在猪栏狗巢似的住所；不稀罕闲逸，宁愿一天做16点钟的劳苦；不稀罕富裕，宁愿穷困。不怕饥饿，不怕寒冷，不怕危险，不怕困难……这是最崇高的人。”

“识时务者为俊杰嘛，随风转舵，是做人的必要本领。”敌军法处头子为他的腐朽人生哲学诡辩。

方志敏怒斥：“什么识时务者为俊杰！就是你们这群对帝国主义奴颜婢膝的吃人魔鬼，躺在白骨堆上，吃人民的肉，喝人民的血，出卖祖国，出卖灵魂。这就是你们这群法西斯匪徒的本领！蒋介石是个什么东西？你们跟他一起去遗臭万年吧！告诉你，我们共产党人顶天立地，决不做那种没有气节的卖国贼。”

捍卫革命　痛骂叛徒

敌军法处头子被方志敏骂得理屈词穷，但不肯认输，狞笑着说：“你们那个孔荷宠，方先生还记得吧？我告诉你，他现在任少将参议！承蒙上面的信任，每月500元的薪水，500元啊！”

方志敏冷笑一声说：“这个人，我知道，是个无耻的东西！请你告诉你的主子，我们共产党人，不爱金钱，也不爱官职！抛弃自己的共产主义信仰，撕毁自己以前的斗争历史，‘噗’的一声跪倒在敌人面前，跳进你们那阴沉秽臭的污水潭里，和你们一道去抢、去掳、去刮、去榨，出卖可爱的中国，残杀无辜的工农，保住自己的头，让朋友的头滚落下地；保住自己的血，让朋友的血喷射出来，这只是混进我们队伍的少数几个叛徒所干的勾当。”

敌军法处头子咬着牙说：“方志敏，你是犯了法的人。”方志敏大笑着说：“我抗日救国犯了什么法？犯法的是你的主子蒋介石！你们只能砍下我的头颅，决不能动摇我的信仰。为了共产主义而流血牺牲，我心甘情愿，无所畏惧!”

激愤挥笔　抢写遗著

方志敏同志知道自己在世的时间极少了。他能舍弃一切，唯革命事业不能忘却。他抢时间，拿起笔来战斗。他回顾革命的经历，有多少成功的经验，有多少失败的教训，需要写给战友和后来的革命者。他要写成文字材料报给党中央，告诉全国各苏区工作的同志，“我们做错了的，他们不再做；做对了的，他们可效法做”。他尽了自己临死前的最后努力。

方志敏利用敌人妄图从他身上得到红军和苏区情况的心理，提出要写东西，敌人果然同意了。方志敏在受他感召而同情他的看守所代所长和姓高的青年文书的掩护下，白天构思，晚间动笔写作，直到深夜。盛夏的囚室像蒸笼，夜间蚊虫成群。方志敏脚戴重镣，身患肺病，身体本已极度虚弱，再加上劳累过度，经常吐血，有时头痛得要裂开似的。而这一切他毫不在意，咬紧牙关，忍住病痛，拼命地写。

方志敏的遗著，从保存下来的文稿来看，最早的写于1935年4月22日，最晚的写于同年6月29日，还有日期不详的。在短短的69天中，他写出了《可爱的中国》《死——共产主义殉道者的记述》《清贫》《狱中纪实》《我从事革命斗争的略述》等12篇文稿和信件，共计13万多字。这需要有多大的毅力，又倾注了多少对革命的忠诚和热情啊！

方志敏用鲜血和生命写成的文稿和信件，热烈地歌颂了可爱的中国，歌颂了伟大的中国共产党，愤怒地控诉了帝国主义侵略中国的罪行，控诉了国民党的黑暗统治，深刻地回顾了自己从事革命斗争的经验教训，坚信中国革命和世界革命必定成功。他的遗著成为中华民族宝贵的精神财富。

气贯长虹　名垂史册

方志敏在敌人面前坚贞不屈，英勇斗争。几个月过去了，敌人的劝降阴谋失败了，便加紧了对方志敏的迫害，每天只给他两小碗霉烂的米饭，里边尽是稗子、沙子；只给他两小碗水，喝的洗的全包括在内。7月底的一天，忽然一个人走进来，偷偷地告诉他说，蒋介石最近秘密到南昌，知道劝降无望，决定向他下毒手了。

方志敏听到后并不感到意外，深知为党献身的时刻就要到了。一个月以前，他为了防备敌人突然把他处死，已把必须对党、对同志们讲的话都写下来了，同文稿藏在一起。这时候，他取出来轻轻地念了一遍：

“同志们，十分亲爱的同志们！永别了！请你们努力吧！我这次最感痛苦的就是失去了继续为党工作的机会！你们知道，你们能够为党工作，为党斗争，那是十分宝贵的！

希望全党同志一致团结在党中央领导之下，用尽自己的体力和智力，努力为党工作！如果哪个同志不执行党的决议和指示而消极怠工，那简直不是真正的革命者，而是冒牌党员。这样的人，是忘记了国民党的囚牢里有好几万党的同志正在受刑吃苦，忘记了国民党的刑场上党的同志流下的斑斑血迹，忘记了我们的主力红军正在川黔滇湘艰苦地战斗，更忘记了千千万万工农劳苦群众正啼饥号寒，无法生存。”

他把信放回床头的墙洞里，又接着赶写赣东北革命根据地创立的历史。

1935 年 8 月 1 日，我党发表抗日救国宣言，全国人民纷纷起来抗战救亡。但蒋介石仍坚持内战卖国，迫害共产党人和爱国志士。对于方志敏，蒋介石劝降不成，公开杀害又怕激起群众公愤，于是决定“秘密处死”。8 月 6 日凌晨，方志敏在南昌百花洲草地英勇就义。

烈士的鲜血化为灿烂的光华，映红了祖国的壮丽山河。烈士的陵墓坐落在江西南昌北郊梅岭。1964 年，毛泽东主席亲自为方志敏的陵墓题写了碑文。

(选自《光照千秋》，林维吉等编)

方志敏（1899 年—1935 年），江西弋阳人，无产阶级革命家、军事家，杰出的农民运动领袖，土地革命战争时期闽江（皖）赣革命根据地和中国工农红军第十军的缔造者。1935 年英勇就义，遗著有《狱中纪实》等。

镣声铿锵气如虹

——革命家刘伯坚的故事

刘伯坚被俘的第二天，敌人把他押到江西信丰——粤军第一军第一师第一团团部。蒋介石为了一网打尽我党留下坚持斗争的军政要员，对陈毅、刘伯坚等这样的重要人物早已悬赏通缉，谁能抓获就赏大洋5万元。为了使官兵们都能识别他们的相貌，还将相片发到下面。因此，刘伯坚被俘后，很快就被敌人认出。敌军团长对他进行劝降，他义正词严地痛斥敌人，表现了一个共产党员应有的气节。

敌人见劝降不成，为了向上司交差，将刘伯坚押解到粤军第一军军部——大余，囚禁在大余监狱。

1935年3月11日，敌人将刘伯坚从大余监狱移往绥靖公署候审室。敌人给他上戴了一副沉重的脚镣，并让他经过一条繁华的中心大街——青菜街（现名建国路），借以进行反共宣传，妄图从精神上解除他的武装。当刘伯坚镇静自若、气宇轩昂、拖着铿锵作响的沉重脚镣路经大街时，他那为工农解放置个人生死于度外的共产党人的形象，像一篇铿锵有力的宣言书，有力地戳穿了敌人对共产党和红军的无耻诽谤。当天，刘伯坚被移送到绥靖公署候审室后，怀着对敌人的满腔怒火，挥笔书写了气吞山河、光耀夺目的不朽诗篇《带镣行》：

带镣长街行，蹒跚复蹒跚，

市人争瞩目，我心无愧怍。

带镣长街行，镣声何铿锵，

市人皆惊讶，我心自安详。

带镣长街行，志气愈轩昂，

拼作阶下囚，工农齐解放。

在候审室里，刘伯坚滔滔不绝地讲述国民党反动派必亡、共产主义在中国必胜的道理，使审讯变成了对反动派的宣判。色厉内荏的敌军头子，只得垂头丧气地哀叹：“刘伯坚死到临头还那么硬!”

3月19日的夜晚，明月当空，然而深锁的牢门里，却看不见这令人怀思的皎皎明月。只在夜半之后，月光照射在牢房外的高墙时，铁窗外一片虚白。面对着这难得的狱中月夜，刘伯坚辗转床间，许多个念头不停地在他脑海里翻滚着：突围的红军战友现在怎么样了？是否胜利地登上了梅关？是否重新举起了革命的红旗？

感情的迸发，又触发了刘伯坚豪迈的诗情，他侧着身子坐了起来，就着朦胧的月光，写了一首七绝《狱中月夜》：

空负梅关团圆月，

囚门深锁窥不得。

夜半皎皎上东墙，

反影铁窗皆虚白。

刘伯坚在狱中不仅写诗，还抓紧一切时间给自己的亲属写信，交代后事。他在遗书中一再表达了他为了“工农齐解放”的革命目标，而甘愿

“拼作阶下囚”的决心。

3月16日，他在给梁凤笙大嫂（刘伯坚的爱人王叔振的嫂子）的一封信中写道：“弟准备牺牲，生是为中国，死是为中国，一切听之而已!”接着，他又叮嘱亲友：“你们接我前信后必然悲恸失常，必然要想方设法来营救我，这对我都不需要。”他坦然申明：“我没有一文钱的私产，三个幼儿的养育都要累着诸兄嫂。为了中华民族，就为不了家和个人，诸兄嫂明达，当能了解，不至说弟这一生穷苦，是没有用处。”他还叮嘱道：“诸儿受高小教育至18岁后即入工厂做工，非到有自给的能力不要结婚，到30岁结婚亦不为迟，以免早生子女自累累人。”

敌人软硬兼施使尽了各种手段，都没法使刘伯坚屈膝低头，因此在3月21日向刘伯坚下了毒手。

9点钟后，敌人从监狱中将刘伯坚押了出来，大殿前走廊上的一张小桌子上摆着酒菜，一个敌军军官皮笑肉不笑地上前招呼：“刘先生，请用饭。”

刘伯坚见此气氛心中早已明白，这就是所谓的“长生饭”和“永别酒”。既然都已拿来了，他也就泰然自若地走到桌前，吃了一些酒菜，然后转过身来，面对着敌人，引吭高唱《国际歌》。这时，坐在殿内的敌军法处处长急了，赶忙派人把他押了进去。

刘伯坚昂首走到大殿审判桌前，敌军法处处长说：

“我问你，在正法前你还有什么后事要交代？”

“后事吗？有!”

“有什么？快说!”

“第一，我要写封遗书，交待我的子孙后代要将革命进行到底!”刘伯坚稍加思索后脱口而出。

“第二，死后要把我葬于梅关!”

时间快到了，敌军法处处长转向身旁的书记官说：“给他纸笔。”

刘伯坚挥笔疾书，写下了这封给他尚在闽西山区坚持敌后斗争的亲密战友、爱人——王叔振的信。

叔振同志：

我的绝命书及遗嘱，你必能见着，我直寄陕西凤笙大嫂及五六诸兄嫂。

你不要伤心，望你无论如何要为中国革命努力，不要脱离革命战线；并要尽一切力量，教养虎、豹、熊三幼儿成人，继承我的光荣的革命事业。

我葬在大余梅关附近。

十二时快到了，就要上杀场，不能再写了。

致以最后的革命敬礼！

刘伯坚

三月二十一日于大余

12点快到了，敌军法处处长发出一声野狼般的吼叫：“绑赴刑场，立即执行!”站在两旁的敌兵一拥而上，要架着刘伯坚走。刘伯坚怒吼道：“不用架，我自己会走!”说罢，他就高昂着头，挺直着胸，慷慨激昂地拖着沉重的脚镣移向大门。刘伯坚趁跨上囚车的机会，面向群众，昂首高呼：

“中国共产党万岁!”

“打倒国民党反动派!”

“打倒蒋介石!”

囚车一直开往大余县城北郊的金莲山，随着三声枪响，“生是为中国，死是为中国”的共产主义战士刘伯坚倒在了血泊中。

（选自《理想·战斗·献身》，国防科工委政治部编）

刘伯坚（1895年—1935年），无产阶级革命家，四川平昌人。曾赴法勤工俭学及赴苏联学习，后任中央工农民主政府执行委员、中国工农红军第五军团政治部主任、赣南军区政治部主任等职。1935年3月在与国民党军队作战中负伤被捕，21日被杀害。

碧血染将天地红

——抗日民族女英雄赵一曼的故事

1935年11月22日，赵一曼带领3名同志在珠河县（今尚志市）第三区春秋岭附近的一个农舍里养伤。日军密探得到消息，报告给第三讨伐队队长张福兴，他带着20多名全副武装的伪军包围了农舍，双方展开了激烈的战斗。赵一曼腿部被打穿，因流血过多昏迷过去，和另外两名同志一起被捕。两个多小时以后，他们被押解到珠河县城。

赵一曼听到伪军说："不赶快审讯就死了!"她苏醒过来，抬起头，愤怒而充满仇恨的眼睛直瞪着伪满滨江省警务厅特务科外事股长大野泰治。惨无人道的大野见她下半身被染红，手腕不断流血，不顾她是濒死的重伤者，马上开始审讯。她对敌人的讯问毫不理睬，强撑受伤的身体，大义凛然地控诉了日本帝国主义者侵略东北的暴行。大野黔驴技穷，气急败坏地用马鞭狠戳其腿部伤口，疼得她再次昏过去，敌人没有从赵一曼那里得到任何口供。

日军特务头子林宽重很想从赵一曼口中得到抗联情报，迫不及待地安排了一次审讯："你们部队的去向我们已掌握，现在是给你机会！你要想想你的命运现在掌握在我们手里!"

"你们的侵略暴行已为世人尽知！你现在应该想到你们的可耻下场!"

赵一曼满怀信心地回答道。

林宽重把失败的恼怒倾泻在毒刑上，用皮鞭抽打赵一曼，并把竹签钉在赵一曼的指甲里，但还是得不到他们想要的答案。赵一曼昏过去了。

赵一曼大腿上的枪伤化脓了，她被送到哈尔滨市立第一医院禁闭起来。从被敌人送到医院的那天起，赵一曼就意识到，敌人不让她死，但他们想从她嘴里得到抗联情报，也是痴心妄想！待身体情况好转，要设法摆脱敌人的羁绊逃出去，决不能坐以待毙！

1936 年 4 月上旬，看守她的伪满警察换成了董宪勋，他是个有正义感却步入歧途的青年。赵一曼主动和他搭话，用民族大义启发他的爱国心。她把“九一八”事变后在奉天（沈阳）所见的日军暴行以及敌伪成立伪满洲国的肮脏目的，被虐待、残杀的中国人民的惨状，人民对祖国的热爱，要求驱逐日军、打倒伪满洲国的强烈愿望，都通过通俗易懂的小说体写了下来。董宪勋看了赵一曼的“作品”后感情产生了变化，加之赵一曼多方面的启发和教导，到后来他表示愿意加入抗联，为驱逐日本侵略者、解救同胞而献身。

4 月末，主任护士的助手韩勇义负责给赵一曼换药。赵一曼给她讲抗联女战士的生活，讲日军的种种暴行，讲伪满洲国的现实，讲革命斗争故事，讲妇女如何得解放，讲中国社会情况，讲中国的美好将来，使韩勇义受到了爱国主义教育，表示了要求反满（指伪满洲国）抗日的决心。

警务厅的特务又开始审讯了，他们从赵一曼口中得到的仅是“不知道”三个字，特务们疯狂地将她拉下病床，踢她、打她，故意使她的伤口流血，折磨她。这一切，董宪勋、韩勇义都看在眼里，记在心上，赵一曼英勇不屈的伟大精神令他们深受感动。

他们开始计划逃走，把去向定为宾县三区，即赵尚志率领抗联三军活动的地方。

6月28日晚9时，韩勇义先到第三病室。董宪勋雇了一个白俄司机将汽车停在文庙后边。韩勇义、董宪勋二人将赵一曼背出病房，抬上汽车，4人由阿城方向逃出哈尔滨。

到了乡间董宪勋的叔叔家里，他们雇了一辆马车，将赵一曼抬到车上，由董、韩两人跟随，奔往抗日游击区。

6月29日上午7时，伪满南岗警署接到医院关于赵一曼等出逃的报告，非常震惊，派骑警直向宾县三区方向追去。

6月30日早5时，伪满骑警赶到阿城县李家屯，在离抗日游击区还有不到20里的金家窝堡追上了赵一曼乘坐的马车。赵一曼发现了远处狂奔而来的骑警，手习惯地向挎枪的地方摸去，然而……她缩回了手，淡然一笑，冷静而从容地对董宪勋、韩勇义说："别怕！无论出现什么情况也决不能说出我们去的地方!"

敌人围住了马车，发狂地举起了马鞭，在赵一曼他们的身上、脸上抽打着。

赵一曼被押回了哈尔滨，敌人对她用尽了各种酷刑，得到的还是三个字："不知道!"

敌人反复折磨了赵一曼近一个月，却没从她口中得到任何消息。

1936年8月1日，敌人将赵一曼押解到两年前她经常活动的地方——珠河县。在押解的途中，她向敌人要了纸笔。第二天清晨她写下了给幼儿的遗言。

宁儿：

母亲对于你没有能尽到教育的责任，实在是遗憾的事情。

母亲因为坚决地做了反满抗日的斗争，今天已经到了牺牲的前夕了！

母亲和你在生前是永久没有再见的机会了。希望你，宁儿啊！赶快成人，来安慰你地下的母亲！ 我最亲爱的孩子啊！母亲不用千言万语来教育你，就用实行来教育你。

在你长大成人之后，希望不要忘记你的母亲是为国而牺牲的！

你的母亲赵一曼于车中

一九三六年八月二日

1936 年 8 月 2 日，敌人将赵一曼绑在大车上，在珠河县城游街示众。马车到了珠河县小北门，敌人最后问："你还有什么话说？"

"为抗日斗争而死是光荣的!"赵一曼回答道。

"乡亲们……"赵一曼要向乡亲们做最后的演说，心虚胆战的敌人捂住了她的嘴，把她拉到车下。她挣扎着挺直了身躯，放声高喊：

"打倒日本帝国主义!"

"中国共产党万岁!"

珠河县小北门响起了敌人罪恶的枪声，无产阶级先锋战士、抗日民族女英雄赵一曼英勇牺牲了。

赵一曼永远活在人们心中，她的家乡宜宾县为了纪念她而建立了纪念馆。她在东北和日本侵略者进行殊死斗争的英雄事迹陈列在哈尔滨东北烈士纪念馆（也就是曾经关押、审讯过她的地方）。她的英雄事迹被人们讴歌，她的伟大精神鼓舞着人们勇往直前。

郭沫若曾为赵一曼纪念馆题诗云：

蜀中巾帼富英雄，
石柱犹存良玉踪。
四海今歌赵一曼，
万民永忆女先锋。

青春换得江山壮，
碧血染将天地红。
东北西南齐仰首，
珠河亿载漾东风。

（选自《理想·战斗·献身》，国防科工委政治部编）

赵一曼（1905年—1936年），东北抗日民族女英雄，四川宜宾人，曾赴苏联学习，回国后任中共满洲省委妇女委员、哈尔滨总工会代理书记、东北抗日联军团政委等职。在与日军作战时受伤后被捕并遭杀害。

我以我血荐轩辕

——文学家鲁迅的故事

我国的文学大师鲁迅先生，少年时代目睹中国封建王朝腐败、民不聊生的状况。随着家境的没落，他看清了世人的真面目。他不走当时一般读书人所孜孜追求的科举仕途，毅然背井离乡，到南京去投考了洋务派开办的洋学堂。他先考进江南水师学堂，后来又转入江南陆师学堂附设的矿务铁路学堂去学矿业。正像他后来说的，当时已绝望于孔夫子了，想通过走异路——即走科学救国的道路，希望对振兴中华有所贡献。

但是这科学救国的热望，很快就被无情的现实击得粉碎。鲁迅看到，在中国科学救国的道路是很难走得通的，他开始了新的探索。恰好在这时，他得到了派往日本官费留学的机会。他发现，日本维新大半是发端于西方医学，加上他的父亲被庸医所误，给他刺激很深，这就促使他又确立了学医的志向，进了日本的仙台医学专门学校。他说："我的梦很美满，预备毕业回来，救治我父亲似的病人的疾苦，战争时候便去当军医，一面又促进了国人对于维新的信仰。"

不料，新的打击又无情地袭来了。一天，在细菌学课堂上，老师播放影片来显示细菌的形状。教学片放完了，又放映时事短片。这时，日俄战争刚刚结束，时事短片大都是日本军国主义者战胜俄国的情形。其中有一个镜头：在日俄交战中，一个中国人替俄国人做探子，被日本兵捉去杀头，许多围观的中国人看到自己同胞被杀害，却显出十分麻木的神情。这件事对鲁迅的刺激太大了。他后来悲愤地回忆道："因为从那一回以后，我便觉得学医并非一件紧要事，凡是愚弱的国民，即使体格如何健全、如何茁壮，也只能做毫无意义的示众的材料和看客，病死多少是不必以为不幸的。"

由于这件事的刺激，鲁迅愤然离开仙台，回到东京，继续探索救国救民的道路。经过一个时期的观察、求索，他开始认识到："我们的第一要务是要改变他们的精神，而善于改变精神的是，我那时以为当然要推文艺，于是想提倡文艺运动了。"从此，鲁迅便用笔杆子同敌人做斗争。他那"我以我血荐轩辕"的著名诗句，表达了为中华民族而献身的壮志豪情。

五四运动时期，鲁迅以文学为武器，发表了大量反帝反封建的小说和杂文，成为五四新文化运动的伟大旗手。

1925 年 6 月后，他三次为五卅惨案捐款，参加了北师大学生运动和"三一八"爱国学生运动。1926 年 8 月，鲁迅因支持北京学生爱国运动，被反动当局通缉，被迫南下到厦门大学任教。

1933 年初，鲁迅不顾国民党反动派的迫害，积极参加营救陈赓等共产党人的活动，并同宋庆龄等人一起来到德国驻沪领事馆，递交反对法西斯暴行的抗议书。

鲁迅把对祖国的热爱看成是自己的生命。他生命不息，战斗不止，即使面对死亡，爱国之心长存。

1935 年的一天，鲁迅应邀参加苏联驻上海领事馆的招待会。席间，有一位美国作家看到鲁迅苍白的脸色、消瘦的身材，郑重地邀请鲁迅到外国去休养。鲁迅听后，连连摇头谢绝。他感到祖国正需要自己，对敌人战斗正紧，决不能离开祖国去享受疗养的清静和安逸！当日本人问他是否对中国感到讨厌时，鲁迅自豪地说："我以为比起任何国家来，还是生在中国好!"

鲁迅始终认为，自己生是中国人，死为中国鬼，世界上无论什么国家，都无法与中国做比较。他豪迈地宣称："我是中国人鲁迅!"

1936年初，也就是鲁迅病逝的前几个月，他对全国的抗日救国斗争极为关切，他抱病在文中写道："中国目前的革命的政党向全国人民所提出的抗日统一战线的政策，我是看见的，我是拥护的，我无条件地加入这战线，那理由就因为我不但是一个作家，而且是一个中国人。"

鲁迅三改所学，志在报国。他把个人的志趣放在爱国、救国的从属地位，自觉服从民族革命事业的需要。他的伟大爱国主义精神，永远值得我们学习。

（改编自《光照千秋》）

鲁迅（1881年—1936年），伟大的文学家、思想家和革命家，中国新文学的奠基人，浙江绍兴人。1936年10月19日在上海病逝，作品有《鲁迅全集》等。

热血谱成《保卫卢沟桥》

——戏剧家宋之的的故事

1937年7月7日，日寇阴谋挑起事端，炮轰宛平城，进攻卢沟桥。二十九军奋起还击，伟大的抗日战争揭开了序幕。

我国南方城市上海直至8日下午，还处于相对平静之中。这天下午6点多钟，一个身材高大的男子，兴冲冲地到了上海东方饭店，健步登上四楼，走进靠北的一间房子里。

“啊！之的老弟，何以姗姗来迟？”屋里已坐着五六个人了，戴眼镜的于伶打趣地说。

“预订7点开会。”宋之的手腕一伸，食指点着表盘道，“6点半，鄙人提前半小时。”屋里扬起愉快的笑声。

7点不到，陈白尘等人到了，屋里坐定的9位剧作家、戏剧艺术家，都是上海剧作者协会的重要成员。会议讨论的问题都很严肃，洪深主持会议，首先讨论参加由16个文化团体联合发动组织的“上海文化界撤销租界电影戏剧检查权运动联合会”的必要性和人选问题。

宋之的发言：“当局对电影戏曲的无理检查必须撤销！这种所谓检查，对于处于萌芽时期的新演剧运动无异于黑暗的云团，层层的枷锁。想想看他们禁演诸剧的评语，明明是真实的事件、人物、思想，都批上‘此剧所写各点，均非事实，可不必演’。实在找不到禁演理由，也要硬凑理由，‘此剧化妆必不能佳，望斟酌不演’。此类貌似客套的批语，实在是戕害所有剧作的生命!”

洪深激动得手都颤抖了，说：“在当局的屠刀下，中国的所谓‘戏’没有发展前途，我们遭受着暴虐，连哼都不准哼，而且尚需强赔笑脸——这，就是目前剧院的缩影，也是半殖民地上每一个中国人必然要遭到的命运!”

宋之的站起身来，迈着沉重的步子在屋里走了一个来回，提高声调严肃地说道：“在我们的国家里，我们在受难，我们必须掌握我们生死问题的主宰权，要求撤销当局对文化界的检查权，从而去争取民族的解放、独立和自由!”

突然，门被推开了，一位剧协成员满头大汗地冲了进来，脸色由于愤怒而变得铁青，手里高举着一卷捏变了形的报纸，高声喊道：“刚出的号外! 日军进攻卢沟桥，我二十九军奋起还击，中日战争爆发了!”

屋里欢欣的气氛顿然消失，空气如同凝滞一样，显得异常的肃静。

“丧尽天良的日本鬼子，给我枪，拼上我这条命，到前线去跟他们拼了!”洪深奋力高呼，一只手扶着桌角，激动得几乎失去控制。

“二十九军打得好! 撵鬼子滚蛋!”陈白尘激动地用拳头直捶膝盖。

屋里沸腾起来，人人义愤填膺。性情豪爽的宋之的，此时目光冒火，牙关紧咬，字字有力地说：“洪先生，我提议暂时休会。现在，我们应该立刻用上海剧协全体人员的名义给卢沟桥守土抗战的英勇的二十九军官兵发慰问支持电文，他们体现了我们民族的精神，代表了民众的意愿，我们要告诉他们：他们绝不孤立，我们与他们是同仇敌忾的!”

会议就此结束。当场推定于伶、陈白尘执笔草拟支持电文。没有一个人退场，电文在紧张地草拟着。有人给报社打电话，询问事变的发展情况。在这间屋子里，爱国热血沸腾的戏剧工作者们，一直忙到深夜一两点钟。

上海度过了一个不眠之夜，几乎家家灯火通宵不熄。凌晨，宋之的走在大街上，他两眼充满血丝，但却毫无倦意，国家与民族的存亡叩击着他的心扉，为此，他可以赴汤蹈火、在所不惜。他紧闭嘴唇，步态庄严。他在思考：必须用笔战斗！一个设想在他的头脑里迅速形成了！

7月15日，在卡尔登戏院，上海剧协更名为中国剧作者协会，在会上，宋之的发出提议："我提议，我们集体创作一个保卫卢沟桥的抗战剧本，这是协会改组后我们所做的第一件有意义的工作，也是给侵略者以及汉奸走狗的当头一棒！"

与会者热烈响应，马上讨论，剧名就定为《保卫卢沟桥》。全剧分为《暴风雨的前夕》《卢沟桥是我们的坟墓》《全民的抗战》三幕。当场推定崔嵬、张季纯、阿英、于伶、陈白尘、马彦祥等17人参予写作，冼星海、周巍峙、塞克等6人承担剧中歌曲创作任务，宋之的为第三幕主要执笔人，最后拟由夏衍、张庚、郑伯奇、孙师毅整理……

说干就干，吃完晚饭，宋之的就坐在桌前，铺纸提笔，望着窗外万家灯火，眼前浮现起一派血与火的景象：日寇飞机在俯冲扫射，大炮在轰鸣，中国的国土上，墙倒屋塌，烈火熊熊，日军在屠杀老人、儿童，狰狞地追逐妇女……侵略者"在有计划的灭亡我们的国家，奴役我们的民族"，但是"我们就真的眼看着做侵略者的奴隶，甘心做亡国奴吗？"不！"我们一刻也不能忘记千百万惨死的父老兄弟姐妹们！"二十九军的勇士们，在硝烟弥漫、弹石横飞的战壕里，紧握钢枪，高举大刀，杀向敌人，杀得日寇血肉横飞、尸横遍野、鬼哭狼嚎！

宋之的热血沸腾了，他奋笔疾书，仿佛不是在用笔，而是用抗战卫国的一腔热血，在谱写一曲伟大的抗战篇章。在那战火纷飞的战场上，老幼妇孺皆参战，军民商学一条心，大家只有一个信念：给我枪，给我枪，给我枪！上前线去拼命！在这民族存亡的紧急关头，顾不上亲人垂危的生命，冲上去！杀上去！用枪打，用锄头砍，用菜刀剁，用土炮轰！“咔嚓”砍下鬼子的脑袋！

黎明代替了黄昏，宋之的手不停笔，写出了自己心灵的呐喊，也写出了人民的心声：卢沟桥前线，我国军民前仆后继，英勇拼杀。我们要死守卢沟桥！宛平是我们的！岂但如此，我们还要恢复失地，打回老家去！打倒日本帝国主义！

三天三夜，连续60个小时，宋之的不曾合眼，终于写完了《全民的抗战》这气壮山河的篇章。7月18日，大家聚集到孙师毅家里，其他执笔人显然和宋之的一样，5万余字的剧本、歌词、作曲全部完成，5天润色后即付印，几天后就出版了。

力争一周内演出！宋之的参加了由洪深、唐槐秋、袁牧之、凌鹤、金山等19位著名导演组成的导演团。全上海进步影剧界人士都动员起来了，近百名主要演员争认剧中角色，著名电影演员赵丹来迟一步，只争取到扮演一名只有一句台词的伤兵。许多演员没能分配到角色，就或在台上台下服务，或参加侧幕伴唱，或帮助喊口号，大家都感到无上光荣。演员们日夜赶排，剧场内外热火朝天。宋之的见这一派团结战斗的动人景象，心潮澎湃，他无限感慨而自豪地对采访记者说：“在民族解放的过程中，我们争得了演剧的自由。请看，这里也是战场，我们也参战了！”

8月7日，《保卫卢沟桥》于蓬莱大戏院正式公演，各场门票几十分钟即被抢购一空。日夜两场不能满足观众要求，再加演临时场。演出过程中，群情激愤，台上台下融为一体，歌声、掌声、口号声响彻整个剧场。尤其是为欢迎郭沫若回国和沈钧儒、邹韬奋等救国会“七君子”无罪释放而加演的一场，观众们的激昂情绪达到最高潮。郭沫若感动得热泪盈眶，饱蘸笔墨题词曰：“卢沟桥已经失掉了，我们依然要保卫卢沟桥。卢沟桥它不应失掉，在我们精神中的卢沟桥，那永远是我们的墓表。

是的，保卫卢沟桥！神圣的祖国不容侵犯，中华民族是不可战胜的！宋之的有这个坚强的信念。

8月底，宋之的就怀着对祖国与民族命运的深重关切，怀着甘洒热血报国家的昂扬斗志，和马彦祥一道，率领抗日救亡演剧一队，奔向那烽烟滚滚的前线去了……

（选自《中国文化名人爱国故事》，作者宋时等）

宋之的（1914年—1956年），戏剧活动家、剧作家，河北丰润人，先后在上海、重庆等地从事革命戏剧运动，屡遭国民党迫害，曾两次被捕入狱。作品有话剧《雾重庆》《国家至上》等。

为救中华　奔走天下

——教育家陶行知的故事

1936 年 7 月 11 日，人民教育家陶行知，作为全国各界抗日救国联合会委托的国民外交使节，赴欧、美、非、亚 28 个国家和地区，历时两年零一个月，行程约 29000 千米，进行广泛的民间外交活动，宣传抗日的正义主张，揭露日本法西斯的侵略暴行，成为抗战国民外交活动中的杰出人物。

陶行知出访的第一站是华侨聚集的新加坡。一踏上异国的土地，他在侨胞欢迎会上就大声疾呼：一党包办抗日，实在不当。要救国就要联合起来，联合各党各派的人一齐来打共同的敌人。至于他自己，“率性将家庭眷念化作民族解放宏愿，将大地走遍，要同胞把握存亡关键，结成联合战线”。当母、妻、妹俱亡，有 4 个小孩需要抚养的情况下，陶行知毅然肩负国民外交的任务，奔走于异国他乡，为民族的解放呕心沥血、奔走呼号，这本身就是一种感人至深的号召力量。

8 月 24 日，陶行知等发表《告海外同胞书》，号召全欧华侨，不分党派，不问信仰，在抗日救国的共同目标之下，团结一致，举行全欧华侨抗日救国大会。

9 月 12 日，陶行知到达巴黎，受到中国学生会和华侨救国会的热烈欢迎。他在会上发表了演讲，强调现在要救中国，没有其他办法，只有抵抗。他又指出，抵抗有三种办法，第一是经济抵抗，第二是文化抵抗，第三是武力抵抗，三者要并行。要建立三种联合，第一是国内联合，最主要的是国共合作；第二是与日本国内被压迫的人民联合；第三是同全世界爱好和平的人民联合，把抗日救国联合战线的种子散布到世界各地。在陶行知等从事国民外交活动人士的鼓动下，华侨们积极响应号召，主动联合救国。9 月 20 日，在巴黎成立了全欧华侨抗日救国联合会，到会的有英、法、德、瑞士、荷兰等国侨胞代表及各地来宾 400 余人，其他旅居比利时、苏联、意大利、土耳其的侨胞，也纷纷致函电，表示热烈祝贺和拥护。陶行知在成立大会上演讲、诵诗，使到会的侨胞们深受教育和鼓舞。

同年 11 月，陶行知赴美，国内发生了“七君子事件”，他也遭到第二次通缉。“爱国有罪”，多方迫害和刁难，并不能吓倒他。相反，他以更高的热情、忘我的献身精神，去宣传抗日救国，做旅美华侨的工作。

经过陶行知等从事国民外交活动的人士及华侨领袖的努力，华侨抗日组织纷纷建立起来，形成了海外抗日民族统一战线。他们节衣缩食，踊跃为祖国捐款献物，创造了惊人的成绩。据统计从卢沟桥事变到 1941 年初，华侨捐款助战的总数达国币 26 亿元，平均每月 6000 万元。当时，全国抗战军费开支每月约 7000 万元，华侨承担了全部抗战军费的七分之六以上。不少华侨还直接回国参军参战，据广东省侨务委员会统计，抗战期间，归国参军参战的粤籍华侨就达 40000 多人。华侨们献金救国，回国参军参战，凝聚着陶行知的辛勤劳动。

1937 年 9 月，陶行知从墨西哥回到美国，路过休斯敦，海员工会书记肯尼迪开车陪他前往离加尔维斯敦海港不远的地方去查看，发现那里废铁堆积如山，将运往日本。为了更有说服力地使美国人民认识到对日经济制

裁的重要性，陶行知等创办了中华经济研究社，对日本军用材料的来源及购买力进行了调查研究。研究表明：1937年美国运往日本的军用材料占日本进口军用材料总额的54.4%。

在洛杉矶5000人集会上，陶行知在演讲中运用这份材料指出日本在中国杀死100万人的时候，有54.4万人是美国军火杀死的。在座的美国国会议员斯科特坐不住了，站起来对大家说："请大家记着，日本在中国杀死100万人的时候，有54.4万人是美国帮凶杀死的，凡不愿做帮凶的人请站起来。"话音刚落，全场的人都站了起来，表示禁运的决心。美国码头工人纷纷罢工，拒运军火赴日。中美人民的联合斗争，迫使美国当局不得不作出某些积极的反映。加州州长下令将准备运往日本的12000吨废铁停止装运，美国国会授权罗斯福总统禁运军火物资赴日。在美国到处可以听到"不参加侵略"的口号。陶行知在离美前的临别演讲中，向美国友人宣告："我回国参加抗战去了，如果有一天我被日本的炸弹炸死的话，请你们不要忘记，我的身体的54.4%是被你们美国的军火炸死的。"

由于陶行知在从事国民外交活动中贡献突出，回国后被聘为国民参政会参政员。

（改编自《抗战初期陶行知在国民外交活动中的贡献》，作者吴梦进）

陶行知（1891年—1946年），教育家，安徽歙县人，早年留学美国。回国后，先后任职于南京高等师范学校、国立东南大学。1946年病逝于上海。著有《中国教育改造》等。

扎根在中华大地上

——数学家苏步青的故事

1919年的一天，一个中国青年走进日本一所名牌大学的考场，他接过考卷，只用了1个小时，就把要求3个小时做完的试题全部准确无误地做完了。监考老师惊讶万分，啊，中国还有这么聪明的学生！这个聪明的学生不是别人，他就是原上海复旦大学校长、著名的数学家苏步青。

苏步青考取了这所名牌大学的电机系。毕业后，又以第一名的成绩，考进了世界闻名的日本东北帝国大学数学系。毕业后因成绩优异，被免试升入研究院当研究生。几年中，他在日本、美国、意大利等国的数学刊物上，发表了40多篇研究论文，被数学界称为“东方国度上升起的灿烂的数学明星”。

紧张的学习和研究没有使苏步青忘记自己的祖国，他“读书不忘救国，救国不忘读书”。

1931年，苏步青从研究院毕业，获得理学博士学位。在日本，他是获得这个学位的第二个外国人。消息一传开，日本的一些名牌大学争着要高薪聘请他，有的还请他去当副教授。

苏步青没有接受聘请，他要回国。他的一些同学、老师、好友闻讯赶来，竭力劝他留在日本，千万不要回国。他们说，中国内部军阀混战，搞得一塌糊涂，回国就等于断送个人的锦绣前程。再说，他已经和日本的松本米子小姐结了婚，并有了两个孩子。全家人都在日本，何必搞得妻离子散呢？

苏步青对大家说："我出国留学的目的，是为了寻找一条救国救民的道路，是要以自己的学识和才智拯救苦难深重的祖国。今天，祖国处在水深火热之中，我能袖手旁观吗？"

苏步青摆脱各方面的阻力，告别妻子儿女，毅然回到了离别12年的祖国，在浙江大学任教。

当时，国内生活特别艰苦，学校经费少得可怜，有时三四个月都领不到一分钱，他时常靠借债过日子。尽管这样，苏步青还是想了许多办法，把妻子和两个孩子从日本接了过来，生活变得更艰难了。但是，苏步青认为自己选择的道路是一条爱国的光明之路，吃苦算不了什么。

1937年，抗日战争爆发了，祖国处在民族危亡的紧急关头。就在这个时候，苏步青接到一封特急电报，打开一看，原来是日本东北帝国大学聘请他去那里就任数学教授，各种待遇都很优厚。没过多久，岳父松本先生病危，发来特急电报，要苏步青夫妇火速前去见最后一面。

苏步青心情十分沉重，他很敬重岳父大人，但是他非常明白，在日军疯狂侵略中国的时候去日本，那是很难再回来的。经过一番思索，苏步青对妻子说："你回去吧，我要留在自己的祖国。祖国再穷，我也要为她奋斗，为她服务。"

妻子被丈夫火热的爱国之心感动了，她毫不犹豫地回答说："你不走，我跟着你，也不走!"

多好的妻子啊！苏步青在妻子的支持下，把自己的根牢牢地扎在祖国大地上。

苏步青自豪地说：“我又一次选择了正确的道路，这是一条不当亡国奴的道路。”

（选自《科学家的美德》，韩其洲编写）

苏步青（1902年—2003年），数学家，中国科学院院士，浙江平阳人。17岁赴日本留学，1931年回国任浙江大学教授。曾任复旦大学校长、数学研究所所长等职。他长期从事教育工作，培养了许多数学界名流。著有《射影曲线概论》等。

别妇抛雏　奔赴国难

——人民艺术家老舍的故事

在抗日战争爆发初期，老舍同郭沫若一样，也有一则别妇抛雏的动人故事。

1937年8月中旬，老舍接到齐鲁大学的任教聘书，带着全家从青岛重迁济南。当时，卢沟桥事变刚刚爆发一个多月，整个济南城里人心惶惶，街道上一片萧条。9月初，齐鲁大学如期开学了，但是不到两个月，教学就难以正常进行了：学生们一批接一批地离开学校，有的南下去流亡，有的干脆退学回家，教员也一天比一天少，纷纷扶老携幼到乡下投亲靠友去了。深秋的齐鲁大学校园里，草木凋零，空空荡荡，再也不见往日的书声琅琅和欢歌笑语。面对这种凄凉的景象，老舍心中有一种难以忍受的郁闷和重压之感。

在那些日子里，几乎天天都有学生前来向老舍辞行，老舍的眼里几乎天天都流着伤别的泪水。

“先生，我们去流亡了，请多保重自己……”

学生们悲愤的话语，使老舍心如刀割。

“去吧，去吧，可是无论走到哪里，别忘了我们是中国人，中国是我们的。"

学生们默默点头，与老舍挥泪作别。老舍望着他们渐渐远去的背影，不禁怆然涕下，悲愤地自言自语道："他们，有家归去不得，学校，难以存身，家在北，而身在南，前途茫茫，确切可靠的事只是沿途都有敌人的轰炸与扫射!"

不久，整个齐鲁大学的学生全部走光了，教员也走了一大半。偌大的一座教师庭园里，只剩下老舍和少数几家人了。每天只要天气晴朗，必有警报，从上午8点开始，到下午5点钟才能解除。校园里寂静得令人害怕，只有一群群失去了主人的猫狗乞食的凄厉的叫声。

老舍天天看报，见战事的消息越来越坏，心急如焚，他终日苦苦地思索着：国家的前途在哪里？民族的命运安在？他，作为一个文化人，一个作家和教师，面临国难，究竟应该怎么办？是在家里坐以待毙，是携全家去逃亡，还是抛下妻室儿女，独自奔赴抗战的前线？一连好几天，他从早到晚抱着一部《剑南诗稿》反复吟诵着，爱国主义诗人陆游那种千古不灭的正气使他激动不已。"楚虽三户能亡秦，岂有堂堂中国空无人"，这些铿锵有力的诗句唤起了他心中无比强烈的共鸣。

沧州沦陷的消息传到济南的那天晚上，老舍伫立窗前，望着外面死寂而凄凉的世界，不断地低声叹息："夜视太白收光芒，报国欲死无战场……"两行热泪夺眶而出。他的夫人胡絜青叫了他几声，他似乎没有听见，仍然默诵着："夜视太白收光芒，报国欲死无战场……"最后，他突然转过身来，缓步走到胡絜青面前。

"青，我要问你，国家，国家——没有我们的国，又哪里有我们的家呢？你说是不是？"

胡絜青不愿让丈夫看见她眼里的泪水，背过身去，点头作答。

“那么，青，有件事我不能不同你商量一下了……”

胡絜青是个深明大义的女子，平生也最了解老舍。这些日子，她完全看出了丈夫已经下定了舍身报国的决心。她也曾想要领着孩子跟丈夫一起出走，生为中国人，死为中国鬼，决不落在日本侵略者手里；可是又想到3个孩子，最大的不过4岁，最小的才刚刚出生，若是娘儿四个跟在他身边，不正像4根绳子一样束缚着他，叫他什么事也干不成吗？最后，她毅然做出决定：成全丈夫的报国之志，一个人把千斤重担挑起来。

她满怀深情、大义凛然地说：“你就放心走吧，家里一切有我……只要济南沦陷时我不被炸死，我一定要坚强地活下去。我能教书，挣几个钱把孩子带大，给老太太送终，还不致成为大问题。反正我还是教学生认咱们中国字，决不能给你丢脸。万一我被炮火……”看看几个不懂事的孩子，她再也说不下去了。

老舍拭去她脸上的泪水，紧握住她的双手，激动得一句话也说不出，只是哽咽地叫着：“青，青……”

话虽这么说定了，胡絜青也给他准备好了行李，可是老舍终难忍心一人弃家远行。好几次，他把一只皮箱打点好，又几次把它重新打开。但是，一想到日本侵略者每天在屠杀着中国人，一夜间，多少家庭被拆散，多少城市被轰平，多少妇孺变成了寡妇孤儿，到处有最辛酸的苦难，到处有最悲壮的牺牲，他的所有彷徨、犹豫就全都一扫而空了。他决心和这个小家庭告别，把它交给命运，而自己则应该刻不容缓地奔赴武汉，投身到抗战的洪流中去，为抗战去呐喊，为救亡去苦斗，为打击日本侵略者，为民族的胜利去高唱前进的战歌！眼前的痴儿弱女，妻子的泪水涟涟……

不，不要老是去想、去看这些！老舍咬了咬牙关，对自己说：“只有狠心才能互相割舍，只有狠心才见互相谅解。国难当头之时，男女的关

系是含泪相誓，各自珍重，为国效劳，男儿是兵，女子也是兵，都必须把最崇高的情感献给这血雨腥风的时代！夫不属于妻，妻不属于夫，他与她都属于国家！”

11月15日傍晚，日本军队逼近黄河北岸，国民党军队炸毁了津浦线上离济南不过十几里地的铁路。胡絜青正在为老舍收拾行装，突然，从远处传来几声巨响，房屋摇晃起来，院内的树木也被震得落叶纷纷。老舍出发的时刻来到了。他最后一次把小济、小乙一手一人抱起来，亲吻着，又看了看疲惫的妻子和在襁褓中像猫一样羸弱的小雨，什么话也没说，什么话也说不出来。

终于，他默默地放下孩子，用颤抖的手接过妻子递给他的一只皮箱，扭头就跨出了家门。

昏黑的大街上秋雨淅沥，寒风袭人。这时，老舍已完全没有了在家时的踟蹰，拎着箱子，怀揣一颗炽热的心，庄严地疾步朝济南火车站走去，朝他一生中最重要的那个转折点走去。

11月18日，老舍经徐州、郑州到达武汉，从此开始了8年的抗战流亡生活。到武汉后，他回顾起在家时由犹豫到自励，终于别妇抛雏、毅然出走的情景，不禁感慨良多，咏成了这样一首小诗：

弱女痴儿不解哀，
牵衣问父去何来。
话因伤别潸应泪，
血若停流定是灰。
已见乡关沦水火，
更堪江海逐风雷。
徘徊未忍道珍重，

暮雁声低切切催。

（选自《中国现代文化名人故事》，作者姜涛）

老舍（1899年—1966年），现代小说家、戏剧家，北京人。曾在英、美讲学，抗战期间主持中华全国文艺界抗敌协会。曾任中国文联副主席、中国作家协会副主席等职。创作丰富，作品众多，著名的有《骆驼祥子》《茶馆》等，被誉为“人民艺术家”。

狱中生活和法庭斗争

——政论家邹韬奋的故事

1936年11月22日后半夜，一阵猛烈的敲门声惊醒了刚入睡不久的邹韬奋——他参加一个会议一直到午夜12点钟才回家，躺上床时已经1点钟了。邹韬奋的妻子跑到窗口问：“什么人？”没有人回答，但敲门的声音更紧了：“开门，开门！”邹韬奋披上一件上衣，走下楼去开门。四个人冲了进来，其中一个法国人拿着手枪，大有随时射击之势。

法国人通过翻译，问：“你是什么人？”

“邹韬奋!”

“真的是邹韬奋吗？”翻译问，又跟法国人嘀咕了一阵。法国人脸上的肌肉从紧张的状态中松弛下来，放下手枪。他看邹韬奋是一个文质彬彬的书生，又只穿着单薄的睡衣，手无寸铁，不存在反抗的可能性。法国人命令道：“走，马上跟我们到巡捕房去!”

邹韬奋就这样在上海被捕了。他是因为1936年5月参加全国各界救国联合会，并且当选为执行委员，积极致力于抗日救亡运动而被捕的。这一次国民党政府奉行蒋介石的“攘外必先安内”的反动政策，残暴地镇压人民群众的抗日救亡运动，以所谓的“危害民国”罪，公开逮捕了七位救国会的领导人。他们是沈钧儒、李公朴、王造时、章乃器、沙千里、邹韬奋和史良。

“七君子事件”轰动全国，激起人民群众的极大义愤。国内外各界人士纷纷对他们表示声援，派代表到江苏高等法院看守所去慰问，许多律师组成辩护团为他们出庭辩护，这就迫使国民党政府对邹韬奋等七人在狱中的生活不得不稍微放宽限制，以示优待。

在狱中，尽管邹韬奋的眼镜被没收了，衣服扣子给拆掉了，连皮鞋带子也都给拿走了，在生活和精神上都受到摧残，但是他明白必须化愤怒为力量，坚决昂首挺胸，和敌人斗争到底。在法租界巡捕房里，他反问审讯员：“假如你们法国也被别国侵略，你立于国民的地位，要不要起来主张抵抗侵略?”

在上海市高等法院第三分院的法庭上，他质问法官：“我的罪证在哪里?没有证据，你们随意逮捕无辜的国民，究竟是为什么?”

不管邹韬奋等人怎样抗议，国民党的法院还是把他们押解到了苏州看守所。

由于邹韬奋等七人在狱中大义凛然，博得了人民群众的无限同情和尊敬，人们尊称他们为“七君子”。

因为史良是女性，被单独羁押在女看守所。邹韬奋和沈钧儒等关押在一个牢房里。沈钧儒那时已经63岁了，大家都视他为家长。他们6人组成一个小集体，自己安排生活，患难与共。邹韬奋在这个家庭里担任监察，鼓励别人完成分工的任务，他写自传《经历》，并写完《萍踪忆语》的最后8篇文章。他在狱中著译文稿总计有30多万字。

就在邹韬奋等人因“救国会案件”被捕以后，1936年11月24日，国民党上海市政府发出布告，宣布他们的“罪状”：从非法组织所谓“上海各界救国会”后，托名救国，肆意造谣，其用意无非欲削弱人民对于政府之信仰，近且勾结“赤匪”妄倡人民阵线，煽动阶级斗争，更主张推翻国民政府，改组国民政府，种种谬说均可复按……在狱中，邹韬奋他们看到这个布告，怒不可遏。沙千里说，按照这上面讲的罪名，我们每个人都有七个罪名，该枪毙七次。欲加之罪，何患无辞？

1936 年 12 月 12 日，西安事变发生，对他们的审讯又有了新的内容。

1937 年 6 月 11 日，苏州高等法院公开审判“七君子”。这天天气突变，雷声隆隆，暴雨倾盆。但是，从看守所一直到法院门口，仍然挤满了黑压压的人群，人们要目睹一下“七君子”的风采。由于反动当局害怕群众，一直拖到下午一点五十分才正式开庭。检察官宣读又臭又长的起诉书，头一个受审的是沈钧儒。

审判长对沈钧儒审讯了一个半小时，他提出的问题全被沈钧儒驳回去了，审判长出了一个半小时的洋相。

轮到邹韬奋了，审判长问：“你与西安事变的关系怎样？”

“牛头不对马嘴！审判长先生，我于 11 月 22 日被你们非法逮捕，这是你知道的事实。12 月 12 日发生张学良兵谏，这与我有什么关系？我本人感到奇怪的是，审判长为什么把西安事变的责任加在我们身上。建议法庭传张学良出庭，请他说明事情真相，以正视听！”

邹韬奋的回答使审判长坐立不安，头上直冒汗。邹韬奋接着说：“救国会曾给国民政府、傅作义和张学良发过电报，三份电报内容一样，希望请命中央出兵，援绥（远）抗日，并非叫张学良举行兵谏。为什么审判长先生只说我们救国会勾结张学良，而不说我们勾结国民政府和傅作义呢？

关于这份电报的问题，建议法庭传国民政府和傅作义出庭作证。”

审判长大约坐久了，屁股稍稍挪动了一下，身子向前微倾了一下，说了声：“本法庭认为，起诉书上已经载明，无此必要。”

邹韬奋接着说：“这是法庭不敢正视事实的表现！如果法庭传讯这些人，就会证明我们是无罪的，抗日无罪，爱国无罪！”

审判长的蛮横激起了大家的愤怒。全体被告认为审判长拒绝调查证据，已具成见，应该立即向法院提出“声请回避状”，要求承审本案的合议庭回避，全体律师也都宣布罢席。第一次审判就这样结束了。

6 月 25 日第二次审判，邹韬奋在被告席上再就救国会的各项主张，驳斥起诉书中捏造的那些罪状。他越说越激动，严正指出法院“故意罗织，入人以罪”。

审判长摇手制止邹韬奋的发言，邹韬奋却提高了声音，大声宣布：“审判长无权禁止我发表意见！”

一次审判就是一次斗争。回到监狱里，这个家庭中的成员相互勉励、相互安慰，准备迎接新的斗争。

其实，新的斗争已经在监狱外广泛而深入地展开了。

宋庆龄、何香凝和救国会负责人胡愈之等 16 人发起“救国入狱运动”，宋庆龄 7 月 5 日亲自率领这些人去苏州高等法院，请求羁押。他们义正词严地向全世界宣告：“我们准备去入狱，不是专为了营救沈先生等，我们要使全世界知道中国人不是贪生怕死的懦夫，爱国的中国人不只是沈先生等七个，而有千千万万个。中国人心不死，中国不会亡！”

海外华侨、世界著名作家罗曼·罗兰、科学家爱因斯坦等，纷纷致电国民党政府，要求立即释放“七君子”。中共中央也发表通电，声援“七君子”。北平各大、中学校的学生举行罢课、游行示威，争取爱国自由，要求释放爱国领袖。

当时国内外的形势都很炽烈，日本侵略者加紧了吞噬中国的步伐，公然指使它的驻军炮击卢沟桥，中国驻军奋起抵抗，七七事变爆发！“平津危急！华北危急！中华民族危急！只有全民族实行抗战，才是我们的出路。”中国共产党中央委员会发表了抗战宣言，形势逼迫国民党政府不得不释放“七君子”。

1937年7月31日，“七君子”获得释放。邹韬奋临走前，在狱中看看自己激愤地饱蘸浓墨写的四个字——还我河山，他若有所思地对沈钧儒说：“家长，我们这个家庭在一起共生活了几天？”

章乃器是搞经济的，他的数字观念极强，脱口而出：“243天！”从1936年12月4日到1937年7月31日，是这么多天数。

这200多天的狱中生活，让邹韬奋深有体会，他说：“我只有一个感觉，感觉到自己的渺小，大众的伟大！”

门外传来了爆竹声和欢呼声，狂欢的群众高唱着《义勇军进行曲》前呼后拥地来接“七君子”出狱。面对着“七君子”和群众们见面这一沸腾的场面，邹韬奋激动地说：“……我要说的只有一句话，我们没有背叛大众，没有说过辜负大众的话。将来也只求心安理得，永不背叛大众。”

是的，邹韬奋是一位永远忠于祖国、忠于人民的战士。

（选自《中国现代文化名人爱国故事》，作者俞润生）

邹韬奋（1895年—1944年），新闻记者、政论家和出版家，江西余江人。自1926年在上海主编《生活》周刊起，毕生从事新闻出版工作，先后在香港、重庆等地主编进步刊物。重要著作编有《韬奋文集》。上海建有韬奋纪念馆。

蓄须明志

——艺术家梅兰芳的故事

上海沦陷几个月后的一天，上海的流氓头子张啸林突然窜到梅兰芳的家里，满脸堆笑地说："梅先生，好些日子没见到您了，您怎么老不露面呢？您是大名鼎鼎的人物，听说洋人还给您拍过电影，美国还赏了您一个博士当，大伙儿都伸长了脖子等着看您的戏，您老不登台，那怎么行呢？"

其实，张啸林是知道梅兰芳久不登台的原因的。从 1937 年 11 月 12 日日本军队占领了上海之后，梅兰芳就不再演戏了——他不肯为侵略者的罪恶统治粉饰太平。

张啸林是受日本人的派遣来做说客的。日本军队占领上海已经有好几个月了，上海始终笼罩着一片惶惶不安的气氛，戏园子虽然被迫照常开业演出，但观众寥寥无几。日本人很希望像梅兰芳这样的著名艺术家能够登台演出，以粉饰太平。他们以为派张啸林这样的流氓去劝说，能把梅兰芳吓得不敢拒绝。然而他们想错了，梅兰芳不仅不肯登台，就连让他到电台去清唱，也一口回绝了。

张啸林说："识时务者为俊杰。您再考虑考虑演出的事吧，我改日再来拜访……"

张啸林甩了甩袖子，走了。

梅兰芳知道，日本人和张啸林那伙流氓是什么事都干得出来的。不等他们“改日再来”，梅兰芳就带着剧团到香港去了。

梅兰芳到香港不久，那里的形势也紧张起来了，到处传说日本鬼子就要来占领香港了。梅兰芳想，如果香港也沦陷了，日本鬼子再来逼迫登台，怎么办呢？经过反复考虑后，他决定把自己和梅剧团拆开：自己留居香港，把梅剧团的全部人马都送回北平。

不久，香港被日本侵略军占领了。

一天，日军驻港司令酒井隆派人来，把梅兰芳接了过去。

“梅先生，请坐。20多年没有见面了，您还认识我吗？”酒井隆笑呵呵地把梅兰芳迎进了客厅。

梅兰芳摸了摸胡子说：“我记不起来了。”

酒井隆接着说：“听说您好久不演戏了，可惜，可惜！世界闻名的艺术大师怎么可以退出舞台呢？我劝您剃去胡子，重新和观众见面吧!”

梅兰芳不假思索地回答：“唱旦角的，最讲扮相，岁月不饶人，我现在不但嗓子大不如前，扮相也差了，该从舞台上退下来了……”

酒井隆显然很不高兴。他背着手，在客厅里来回地踱起了步子。忽然他变成了另外一副面孔，圆瞪双眼，嚷叫起来：“你是不肯为我们演出吧，还故意留起胡子来，这分明是一种敌意!”

梅兰芳这时却微微地笑了：“我是演不了戏了，否则，我为什么不把剧团带在身边呢？”梅兰芳早就拿定了主意，在把日本侵略者赶出中国之前，他决不再登台，也决不剃去胡子。

“你的梅剧团在哪里？”

“在北平。”

酒井隆哑然了。

事后，酒井隆派人进行调查，梅剧团果然不在香港，而在千里之外的北平，他不好再说什么了。

香港的物价很高，梅兰芳在那里住了几年，把多年的积蓄都花光了。在香港住不下去了，于是他回到了上海。梅兰芳早年在北平建造了一所幽雅的住宅，名叫缀玉轩，梅兰芳十分喜爱这所住宅，现在由于经济窘迫，也只好卖掉了。

有一天，梅剧团的一位演员忽然从北平来到上海找梅兰芳。

原来，他是在日本侵略军华北指挥部的逼迫下，不得已来上海的。日本鬼子要他告诉梅兰芳，必须在一星期内赶到北平去，为一个“大东亚圣战庆祝会”演出，如果违抗，就以军法论处。这位演员还告诉梅兰芳，他不是独自来的，日军华北指挥部还派了一名军官，监视着他，一起来到了上海。

那位演员着急地问：“怎么办呢?”

梅兰芳斩钉截铁地说：“普通的演出我都不参加，这样的庆祝会当然更不能去了!”

“他们还让您剃掉胡子。”

“做梦! 我这胡子，不到胜利那一天，是决不会剃掉的!”

“那怎么办才好呢?”

“你不要这么慌张，咱们想个对策吧……”梅兰芳尽量让自己镇静下来，沉思着。

当晚，梅兰芳把一位与他交往很密切的医生请到了家里。这位医生也是一位爱国者，梅兰芳和他无话不谈。

梅兰芳把事情的来龙去脉向医生讲清楚后，请医生设法让他“生一场病”。

“是不是可以注射一些什么细菌到我身体里去呢?”梅兰芳指指自己的臂膀，“以后，再想法子治嘛!”

医生被深深地感动了，答应说：“那么打一针伤寒预防针吧，打了这种针，是要发高烧的!”

“好，好极了! 谢谢您，就这么办吧!”梅兰芳毫不犹豫地答应道。梅兰芳发了高烧以后，要那位演员去向跟着他一起来上海的日本军官说明情况：梅兰芳因病重不能前往北平。

那个军官不相信，他找了一个军医，闯进了梅兰芳的家里。

梅兰芳正发着高烧，盖着厚被，那张留着胡子的脸侧向一边，床边的桌子上放着一些药。军医用手在他额头上摸了摸，确实是滚烫的，一量体温，40度!

军医没有查出破绽来。

那个日本军官没有办法了。他想，等梅兰芳的病好了，北平的那个庆祝会也早开过了……没有办法，他只好发电报向日军华北指挥部报告，自己也回北平去了。

1945年8月15日，上海的大街小巷到处洋溢着节日的喜庆气氛。人们成群结队走上街头，高呼口号，庆祝抗日战争的伟大胜利。

梅兰芳一听到胜利的喜讯，便立即剃了胡子，换上了整洁的西装。他向大家宣布：“抗日战争胜利了，我该登台演出了!”

梅兰芳剃须登台的消息传出后，戏迷们欢欣鼓舞，群众们奔走相告，全上海都轰动了。半夜里，戏院的票房外就排起了长队。

“梅先生真是个了不起的人哪! 自打来了日本鬼子，他就蓄须隐居，抗战一胜利，又马上登台演出!”

“是呀，他真了不起！很有民族气节嘛!”

人们排着队，七嘴八舌地议论着。

（选自《我是中国人》，作者纪恩）

梅兰芳（1894年—1961年），京剧表演艺术家。原籍江苏泰州，生于北京，出身京剧世家，8岁学戏，11岁登台，创立“梅派”艺术。曾任中国京剧院院长等职。著有《梅兰芳文集》，常演剧目编为《梅兰芳演出剧本选集》。

宁死枪下　决不从命

——艺术家程砚秋的故事

1932年初，程砚秋只身踏上赴欧洲考察西方音乐戏剧的旅程。京剧演员出国，在这之前已有梅兰芳赴日、访美演出之举，而出国考察，则首倡于程砚秋。

程砚秋访欧，目的是了解西方音乐戏剧的现状。他说："把他们的戏剧原理与趋势考察一下，作为我们梨园行改进戏剧的参考，同时要使中国戏剧与西方戏剧能够沟通。"

1932年1月至1933年4月，程砚秋经苏联到法国、德国、瑞士、意大利，详细考察了西方各国的音乐戏剧。一个正值盛年的京剧演员，突然中断演出，舍去巨额经济收入，抛家别小，远涉重洋，历访欧洲各国，这在当时守旧的京剧界是一大怪事。有些宵小之徒大肆攻讦，程砚秋不为所动。他的理想是，希望从西方的经验中，寻找到解决中国文化戏剧为社会服务的办法。当他在柏林得到许多盼望已久的资料时，给家人写信说："将来拿回去贡献社会，为人民谋幸福，戏界苦人得到一点儿好处，也不虚此行。这不比年年施棉衣、散零钱，功德大得多吗？处在乱世中，家庭观念要看得轻，儿女私情要抛得下，人生就是演悲剧。国家如此纷乱，朝不保夕，还有什么家庭乐趣可言……"封封家书，道出了青年时代的程砚秋忧国忧民、探求新路的理想和抱负。回国后，他花费了巨大的精力，写出了数万言的《赴欧考察戏曲音乐报告书》。

1931 年“九一八”事变后，由于蒋介石的不抵抗政策，东北大片国土沦丧敌手，日本侵略势力步步向关内进逼，稍有爱国心的人无不为之忧心如焚。在这样的历史时刻，程砚秋从欧洲回国了。他一面着手整顿他的剧团，恢复演出，一面也思谋着，如何运用戏剧这一武器，进行爱国主义宣传。1933 年他在北平编演了《亡蜀鉴》。《亡蜀鉴》又名《江油关》，取材于《三国演义》魏将邓艾偷渡阴平，直指江油，江油太守马邈兵精粮足，却不思抗敌，屈膝投降而被斩，其妻李氏“不愿做降人之妇”，自刎而亡。此戏原系川剧传统剧目，经过改编，赋予了强烈的时代精神，向观众们呼吁：应以历史上西蜀亡国为鉴，影射那些掌握国家命运的高官显宦在国难危急关头，反不如一个普通妇女有爱国之心。正因为此剧具有鲜明的政治倾向和强烈的现实感，当时在北平只演了两场就被迫停演。艺术家空有一颗爱国之心，却不能通过艺术形象体现在戏曲舞台上。群众是支持这位爱国艺术家的，戏虽只演了两场，但剧中李夫人那段描写亡国之痛的唱腔，却在群众中很快传唱开来。

1933 年至 1937 年，程砚秋一方面进行演出，并把大部分精力投入中华戏曲专科学校的工作；另一方面，积极筹备访问法国的演出。正当一切都准备就绪时，爆发了七七事变，北平沦入敌手。

七七事变前，他正在四川公演。由于形势的变化，他不得不中断演出，率领剧团辗转奔波，赶回北平。回到北平，等待着他的却是一座已被日本侵略者占领的死城，日本兵的刺刀、皮靴深深地刺伤了他的心。敌人急于粉饰太平，装点门面，胁迫北京梨园公益会出面，组织京剧界名角唱捐献飞机的义务戏。在敌人的高压下，谁敢不唱？程砚秋就是坚决不唱。

他大义凛然地对前来劝驾的梨园公益会的同行说：“我不能给日本人唱义务戏，叫他们买飞机去炸中国人。我程某人宁死枪下，也决不从命！”表现了一个血性男儿的刚毅性格。

1937 年至 1941 年，在沦陷区内，程砚秋又唱了 4 年戏。他的戏是唱给一般观众听的。当时演出剧场都要为伪政府、伪报社、伪电台官员留固定包厢，他就是不买这个账，一个座位也不留。

1941 年初冬，程砚秋从上海演出归来返京途中，在前门火车站遭到伪警毒打，所托运的戏箱、行头也被毁坏。

程砚秋意识到戏无法再唱，也不想再唱下去了。1942 年春，正值盛年的程砚秋，避居到北京颐和园背后的青龙桥农村，扛起锄头种田，当了一名农民。日出而作，日入而息，他与当地农民一起干活，啃的是棒子面窝头。他白天劳动，晚间读书，读《明史》，读《汉书》，读《大宋宣和遗事》，以古为鉴，反复深思，对艺术、对人生的认识又深入一步。

程砚秋京郊荷锄务农，梅兰芳上海蓄须明志，在敌人的铁蹄下，都毅然罢歌息舞，隐居不出，南北辉映，两位伟大的爱国艺术家以独有的方式抗御敌人的民族气节，为中国京剧史写下了光辉的一页。

（选自《人物》杂志，作者胡金兆）

程砚秋（1904 年—1958 年），著名京剧表演艺术家，北京人。对京剧表演艺术和戏曲理论研究均有重要贡献。新中国成立后任中国戏曲研究院副院长。代表作品有《程砚秋演出剧本选集》等。

科学家是有祖国的

——桥梁专家茅以升的故事

1980年9月，杭州六和塔畔，一位年过八旬的老人登上了钱塘江大桥，他仔细查看大桥部件，不时地向管理人员询问着什么。老人抚摸着钢梁，眼中闪烁着兴奋的泪花。这位精神矍铄的老人，就是被人们尊为“钱塘江之父”的著名桥梁专家茅以升。

钱塘江大桥是我国第一座由中国人自己设计建造的铁路、公路双层联合大桥。茅以升为它献出了一生中最闪光的年华。

赤子之心

1916年夏天，年方20的茅以升以5年总分第一名的成绩，从当时著名工科大学——唐山工业专门学校（即唐山交通大学，现为西南交通大学）毕业了。

他学的是桥梁专业，中国古代的造桥业在世界上曾是遥遥领先的，可是公路、铁路兴盛之后，中国的造桥业就落后了，这使茅以升感到极大的痛苦和愤懑。1913年春，在他17岁那年，孙中山亲自视察了唐山工业专门学校，与全体师生合影，还发表了激动人心的讲演：“要实现建国方略，首先要建设十万英里铁路、十万英里公路，希望寄托在诸君身上。”

茅以升听后热血沸腾了，他决心出国去学习世界上最先进的科学技术，自力更生为祖国建造现代化大桥，让条条天堑变成通途。正好这时北京清华学堂留美预备学校向全国招收10名官费留美研究生，茅以升被唐山工业专门学校保送应考，并以出色的成绩被录取，派往美国学习。

9月，茅以升到达美国旧金山，被分配在东部的康奈尔大学。当茅以升来到注册处报到时，主任露出了疑惑的神情，说："唐山这个学校从未听说过，不知毕业生的水平如何，必须经过考试，合格后才能注册。""我请求马上就考。"茅以升感到自尊心受到了伤害，毫不迟疑地回答道。考试后的第二天，主任把他找去，满面笑容地说："考得很好、很好，同意你注册为桥梁专业的研究生。"

桥梁系主任、美国桥梁界著名的贾柯贝教授担任了茅以升的导师。经过9个月的紧张学习，1917年6月，茅以升的4门基础课和专业课考试成绩都是优秀，贾柯贝教授对他所写的硕士论文也倍加赞赏。于是，茅以升非常顺利地获得了硕士学位。

这时，他面临着一条成名成家的捷径：留在康奈尔大学内任教，两三年后考取博士学位，当教授。这在当时的毕业生中，被看成是一条最好的出路。但是茅以升却没有忘记自己的理想，他想：我到美国来深造，不是为了图名，而是为了日后回到祖国能脚踏实地地建造大桥，光有理论、光会纸上画桥怎么行呢？一定还要学习实际的造桥本领。于是他放弃了舒适的大学教师职务，在贾柯贝教授的帮助下，进了匹兹堡一家有名的桥梁公司去实习。

实习阶段的工作已经相当紧张，但是这个雄心勃勃的青年人却又向自己提出了新的奋斗目标。攻读匹兹堡卡耐基理工大学土木工程系博士学位。在极其紧张的状态下，茅以升坚持了500多个日日夜夜，修满了全部学分。

23岁的中国人茅以升终于成了卡耐基理工大学的第一个工科博士。这在该校的校史上是一件大事，匹兹堡的各家报纸都赫然刊登了这条新闻。人们向这位中国青年投来了尊敬、赞美的目光，一份份诱人的聘书向他飞来，荣誉、享受、金钱、地位……正向他招手。许多好心人劝他留在美国工作，可茅以升认为："虽然科学没有国界，科学家却是有祖国的！我是中国人，我的祖国更需要我!" 1919年12月14日，他只身一人告别美国，登上了回归祖国的轮船。

壮志凌云

当时，我国的桥梁专家寥若晨星，理应是青年桥梁专家大显身手的时候。可是，迎接他的依旧是满目疮痍的国土——经济命脉操纵在帝国主义列强手里，仅有的几座铁路大桥都是外国人修建的。踌躇满志的茅以升回国后的13年里，所等到的仅仅只有两次担任桥梁修理顾问的机会。中国人却不能在中国的江河上造桥，岁月蹉跎，壮志空怀，青年的茅以升陷入了无尽的苦恼和失望之中。

1933年春，茅以升正在天津北洋大学（现天津大学的前身）任教，突然接到了在浙江省交通部门工作的两位老同学的来信，谈到为了贯通浙东、浙西两地铁路、公路的通道，浙江省准备在钱塘江兴建大桥，特别是信上的一句话：我国过去的铁路桥梁都是由外国人包办修建的，现在我们自己有了造桥的机会，千万不要错过！这像千斤重锤似的敲打在他的心上，使他心潮起伏，思绪万千，他决心担当起这个重任。1933年8月，他毅然辞去北洋大学的职务，来到杭州着手筹建这座为民族争光的大桥。

在钱塘江上造桥可不是一件简单的事，在茅以升之前，也曾有老资格的英国工程师来到这里考察过，可是都望而却步了。因为在钱塘江上造桥要遇到两个特殊的天然大敌，一是举世闻名的钱塘江大潮，二是江底的流沙。外国专家不敢承担的重任，一个30多岁的中国青年工程师能够担当得起吗？但是茅以升胸中燃着的爱国主义火焰，产生了一种神奇的力量，他没有胆怯后退，而是力排众议，毫不迟疑地走马上任了。

茅以升把在美国留学时的同学罗英请来当第一助手，还聘请了一些国内知名的桥梁工程师和二十几个刚从大学毕业的青年，组成了一个精悍有力的设计施工班子。他亲自带领大家到钱塘江两岸和水中勘查，掌握了钱塘江水文地质的第一手资料，决定把大桥建在钱塘江下游，杭州西南的六和塔畔。

1934年夏天，一份由茅以升设计的建造钱塘江大桥的计划书，醒目地刊登在全国许多家工程杂志和报纸上，不少外国报纸也相继登载了这个消息。计划中的大桥长3里，共有16孔，桥分两层，下为铁路，上为公路，公路两旁还有人行道。这一计划比有关部门另请美国专家华德尔搞的方案高明多了，光工程费就节省了240万两白银。

在大桥正式施工的近千个日日夜夜里，茅以升遇到了千磨万难。当时国民党官僚机构之间的矛盾扯皮、筹集经费的困难、迷信谣言的干扰、家里老父的病故、夫人的重病等等，常使他焦头烂额、寝食不安。

造桥的第一步是造桥墩，而正式造桥墩之前，又先得在江底预定的位置打桩，每个桥墩要打160根木桩，每根长30米。由于钱塘江底的流沙有41米深，超过了木桩的长度，又怎么能保证每根木桩打进流沙下面的石层中呢？他们专门设置了一种打桩机船，打桩的地点可以保证了，但是速度非常慢，一昼夜只能打一根。后来，研究人员同操作工人一起，经过反复试验，用高压水冲击沙层，然后打桩，果然一昼夜能打30根了，第一个拦路虎被征服了。木桩打好后，根据钱塘江的特点，茅以升又决定采用

“气压沉箱法”造桥墩。他在钱塘江桥每座桥墩封底之前，都要亲自钻到沉箱里去，把下面的160根桩头一一点清，直到亲眼见到确实一根不少才放心。

蒋介石政府的消极抗日和腐败无能，使祖国的半壁河山沦于敌手，战火很快蔓延到江浙一带。大桥工程的最后一个阶段，三天两日冒着敌机骚扰轰炸的危险。炸弹不断地落在江里和岸边，眼看杭州也危在旦夕了，可是大桥还有一座江中心的桥墩和两架钢梁没有建好。修桥人员把对侵略者的仇恨、对国民党政府的怨怒，都变成了与大自然搏斗的无穷的力量。奇迹出现了，在短短的40天里，平了江底石层，筑起了34米高的桥墩，安装了两架钢梁，铺好了铁轨、公路和人行道。

1937年9月26日，这是个令人难忘的日子，清晨4时，第一列火车从崭新的钱塘江大桥上呼啸而过。这是向日本侵略者最有力的示威，也是对中国的科学技术力量、中国人民的志气和自信心的一次大检阅。11月17日，为了抗战的需要，大桥公路也在隆隆的炮声中正式通车了。这一天，杭州万人空巷，人们都涌上了大桥，一大中过桥的群众就有十万多人。

这时，茅以升总该舒展一下心头的愁结了吧。可是有谁知道，茅以升这时的心里却忐忑不安，别有一番滋味在心头。

不复原桥不丈夫

原来在公路桥通车的前一天下午，茅以升接到一个密令：由他负责在短时间内炸毁大桥，因为日寇已经逼近杭州了。

日本帝国主义的侵略气焰嚣张，大桥建成后免不了要遭此厄运，这是茅以升早有思想准备的，所以在建造南岸的第二个桥墩时，他们特别准备了一个放炸弹的长方形空洞。但是如今真要亲手炸毁它了，茅以升怎能不心如刀绞呢？大桥凝聚着他 4 年的心血，桥墩下的每一根木桩、大桥上的每一根钢梁、每一颗铆钉，都是他和全桥职工辛勤劳动的结晶，它是中国人民力量和智慧的象征，建设者怎能忍心用自己的手将它毁于一旦呢？但是，能把大桥留给敌人吗？能让敌人横行无阻地在大江南北烧杀抢掠吗？不能！民族利益高于一切，他决心炸桥，而且要炸得使敌人一时无法修复。

当夜，他便强忍着内心的痛苦，亲自指挥把炸药放进了预先留好了的桥墩空洞以及桥面上五孔钢梁的爆炸点里。为了保障人民的生命财产安全，他格外细致地对炸药安放的位置和一百多根引线反复进行了检查。

12 月 22 日，杭州危在旦夕，沪宁铁路已经不通，钱塘江大桥成为撤退的唯一后路。一天之内从大桥上撤走的铁路机车有 300 多列，客货车 2000 多辆，还有十余万逃难的老百姓。下午 5 点，江天暮霭，炮声震天，依稀可见敌人的骑兵向桥头冲来，情况万分危急，执行炸桥任务的部队不得不果断封锁大桥，禁止通行。

导火线点燃了，刹那间，一声巨响，只见桥上火光冲天，浓烟滚滚，雄跨钱塘江南北的大桥被炸断了，靠南岸的第二座桥墩上部完全被炸毁，五孔钢梁也粉身碎骨了。两岸群众放声哭泣，滔滔江水掀起怒潮，仿佛也在为大桥哀号。茅以升怒火中烧，满腔怨恨充塞着他的心头。他在撤离杭州前站在钱塘江边，目睹断桥残壁，挥泪写下了《洒泪别钱塘》，其中最后四句诗是：“斗地风云今变色，炸桥挥泪断通途，‘五行’缺火真来火，不复原桥不丈夫！”

钱塘江大桥炸断了，杭州多了一座名副其实的“断桥”，这座“断桥”瘫痪在钱塘江江上达 8 年之久。为了不让敌人修复大桥，他们还把机船和设备都沉入了江底。

钱塘江大桥的工程资料共计有 14 箱，包括各种图表、账册、文卷、电影胶卷、相片和报刊等。在 8 年之中，茅以升从兰溪先迁往湖南，后来又辗转西南四省，饱经风霜，这 14 箱资料却一直跟随着他。无论在什么情况下，他都把这 14 箱大桥工程资料视若生命，而自己在杭州的住宅、家具、衣物财产和许多珍贵的照片、信件、纪念品等，却全部在战火中化为灰烬。茅以升不愧是一位有远见卓识的科学家，他冒着生命危险保存下来的大桥工程资料，不仅在抗战结束后为修复钱塘江大桥提供了必要的依据，而且新中国成立后，又在建造武汉长江大桥、南京长江大桥等重大桥梁工程中发挥了重要作用。

黑暗总有尽头。茅以升终于盼到了祖国的新生，他那“不复原桥不丈夫”的豪迈誓言终于实现了。新中国成立后，茅以升再次主持全面修复钱塘江大桥工程。从 1937 年钱塘江大桥第一次通车算起，到这次彻底修复，中间经历了整整 16 年!

钱塘江大桥在中国桥梁史上谱写了光辉的一页，茅以升在回顾这一段艰难历程时，不无感慨地说：“像我造钱塘江大桥这样艰辛、曲折的经历，在今天的中国是不会再出现了。社会主义祖国需要科学，科学也需要社会主义啊!”

（选自《我爱社会主义祖国》，作者戴平）

茅以升（1896 年—1989 年），桥梁专家，江苏镇江人。留美回国后任河海工科大学校长等职，新中国成立后任铁道科学院研究院院长、全国政协副主席等职。1982 年，被选为美国国家工程科学院外籍院士。著有《中国桥梁史》等。

百岁老青年的遗愿

——教育家马相伯的故事

1902年冬，上海徐家汇天主教堂的钟声，在呼啸的朔风中似乎也打着颤音。钟声沉重地敲击着一位正在做默祷的62岁老人的心扉，使他心潮澎湃，发出了深长的叹息！这位老人，就是怀抱着满腔爱国热情，在晚年时毁产兴学，创办震旦学院和复旦公学的马相伯。

毁产兴学

1851年冬，11岁的马相伯为追求知识，背着父母，独自搭小木船到上海求学。经亲友介绍，他进入法国天主教会办的徐汇公学读书，因成绩优异，得过奖赏。当时，法国驻沪领事署想聘他为秘书，马相伯断然拒绝，说："我学法语，是为中国用的！"

1862年后，他又进入徐家汇天主教耶稣会小修院、大修院学习，1870年获得神学博士学位，后来被授职神甫并调任徐汇公学校长兼管教务。1876年，36岁的马相伯因不满教会的专横，在淮军任粮台的大哥马建勋和其弟马建忠的帮助下，退出教会，从事政界活动。他办过洋务差事，也出使过外洋，曾奉命赴欧美、日本考察，给清政府提出过不少"富国强兵"的建议，可是都以失败而告终。1902年，62岁的马相伯又不得不重返上海，在徐家汇土山湾过起隐居生活。风雨晨昏，痛定思痛，这一记记敲击在他心头上的沉重钟声，怎能不使他百感交集呢!

但是马相伯的报国热情，并未因屡次失败而冷却。他回忆自己失败的原因，总结了教训，意识到想以军力自强的洋务运动，不过是一种幻想；依靠皇帝实行的改良变法，换来的只是维新志士的人头落地。他转而想致力启迪民智，走教育救国的道路。因而在考察欧美国家以后，他一直向往着办一所新式大学，效法西方教育，好为祖国造就有用的人才。马相伯仅是一个退隐的老书生，要创办一所不同于一般学校的新型大学，谈何容易! 可是，清政府的腐败无能、丧权辱国，外国列强的虎视眈眈、豪夺强取，怎能再让他安然隐居！在南洋公学任教的蔡元培的促成下，他终于在徐家汇创办了震旦学院。

为了筹办震旦学院，他不仅献出家财，还将长兄马建勋留给母亲的松江、青浦两邑田产 3000 亩，也充作了办学基金。把父亲平生行医、开店所积蓄的 4 万元现洋、8 处房地产，也全部献出。震旦（“震旦”象征“东方光明，前途无量”之意）学院于 1903 年 3 月 1 日正式开学。开学典礼那天，站在讲台上的马相伯已是 63 岁高龄了。

马相伯本是一位虔诚的天主教徒，但他主张办学的目的，是要为祖国造就有用的人才，却不是把它作为宣传宗教信仰的场所。所以震旦的办学宗旨，独树一帜，规定“不谈教理”。他还在学校中掩护学生的反清活动。这些行为引起了法国天主教会的反对，更受到了清政府和法国巡捕房的注意。中外反动势力互相勾结，利用种种手段对马相伯进行刁难，先是要马相伯交出反清的学生，并以将震旦主权和产业收归教会相要挟，马相伯对这些都不予理睬。

1905 年春，教会突然采取行动，在学生报到后正要上课时，各班外籍教师忽然令学生呈验学费收据，否则不准上课。当时有些避难于震旦学院的反清学生，是由马相伯免费收留的，因此当场引起了爱国学生和校方的冲突。学生推举代表去见马相伯，询问此事原委。马相伯也同样在受着胁迫，处于进退两难之中，只能闭门不见。学生们亦深知马先生实有隐痛，不便明言，因而就在校中罢课抗议。教会紧急从安徽调来法籍神甫南从周前来夺权。南从周一到学校，就对学生声称：马先生有病，即送医院治疗，院务由他代理。接着，南从周立即肆无忌惮地删改校章。学生们见此情状，愤慨之极，立即开会研究对策。会上，学生们一致声称，“我辈学生与相伯先生共同进退”，态度异常坚决。最后，由会议主席取出信笺两卷，放在讲台两端，一为签留，一为签去，听凭同学们自由决定。结果，签留者只有一人；签去的学生在散会后，得知马相伯先生已经离去，就纷纷携带行李，摘下校牌，愤然离校。马相伯得知后，立即愤而辞职，毅然随学生退出震旦学院。这就是轰动上海的“震旦学潮”。

另创复旦

马相伯在爱国学生离校后，即在“群学会”召集他们，讨论恢复震旦学院的办法。其时，寄居上海的知名人士如严复、熊季廉、袁希涛等，也都纷纷前来相会，共商复校大计。在马相伯的领导下，他们决定重建学院，于是与严复、熊季廉、袁希涛四人，联名发表复校启事，并更“震旦”之名为“复旦”，另创复旦公学。之所以取名“复旦”，有复我震旦的涵义；又与古诗《卿云歌》中“旦复旦兮，日月光华”之义相合，用以发扬中华民族的浩然正气。

这时，马相伯已囊空如洗，想再白手起家，确是困难重重。“震旦学潮”给社会的震动是巨大的，各界爱国人士对教会干涉中国校政深为不满，因而马相伯的复校之举得到了多方的支持。由严复、袁希涛等 28 人出面，发表《复旦公学集捐公启》，向社会进行募捐，得到了社会各界的赞助。复旦公学遂于 1905 年中秋节正式开学。

初创的复旦公学，临时校舍非常狭小，只有二三十间旧房。教师们大清早从市区乘淞沪小火车赶来上课，却从不计较薪金的微薄。马相伯以 65 岁的高龄，不辞辛劳，自告奋勇，担任法文教授。

在马校长的领导下，复旦进一步发扬震旦建校时的优良传统。学生自治、学术民主、兼容并包等学风，得到大力推行。中国共产党人恽代英、萧楚女和杨之华等，常来参加这种集会。李大钊和鲁迅也先后来此作过讲演。

五四运动时，上海最先起来响应北京大学发起这一爱国行动的，正是复旦师生。据复旦校刊记载：5 月 5 日，消息传到上海，同学们义愤填膺，即时团结响应，四处宣传，发动上海各大学成立上海学生联合会。一面宣布罢课，一面急电中国出席巴黎和会代表，要求拒绝签字。6 月 3 日以后，全体师生出动上街宣传，商人因之罢市，工人罢工。这一切，都得到了马校长的有力支持。

马校长爱护青年，毕生寄希望于青年。有一次，军训教官教学生们练习使用武器，一个学生因天气炎热，汗流浃背，就偷偷地脱掉上衣，在一旁休息。恰好被马校长撞见，他立即摇铃召集诸生训话。他声色俱厉地说："你们到这里来求学，都是抱有宏大的志愿，都是希望学成后去救国的，现在如此偷懒，岂有如此颓唐的救国者吗？"学生们听了，都为之汗颜，从此再也没有人敢在上兵操课时露出倦容。

1913 年，马相伯北上就任北京大学校长之职。他虽然离开上海，但仍时刻关心着复旦的发展。1930 年，在复旦建校 25 周年的庆祝会上，他以

90 岁高龄亲临会场致辞，讲述当年创建复旦的艰辛，使与会者深受感动。马相伯的后半生可以说为旧中国的教育事业，贡献了自己所有的一切。

唤醒国人

1937 年，抗日战争爆发，年近百岁的马相伯怒火中烧。他不顾形近瘫痪的身体，愤然而起，打开了隐居后尘封已久的乐野堂大门，以一个百岁青年的雄姿，投身于抗日救亡的热流之中。他与其他爱国人士组织救亡团体，连续发表了 12 次呼吁抗日的广播演说。在《为日祸敬告国人书》中，他怒吼道："今日举国为日祸志哀，余虽老迈，亦一国民，天责所在，义不容辞，抒己见以勖国人。"他鼓励全国民众：群策群力，共赴国难。当时，他的住宅内外，记者、学生、政界爱国人士络绎不绝。

1939 年春，抗战进入艰难时期。马相伯在由桂林去昆明的途中，因病滞留越南谅山，还给当时迁校在重庆北碚举行春季毕业典礼的复旦大学师生写了一篇贺词。他激励师生："今天，学校虽然被迫迁到这里，但我们一定能打败日寇，收复失地，恢复武汉、南京，你们应该好自为之，不要气馁悲观。我虽已百岁了，仍不服老，期望着不久的将来，能和你们一起回上海。"

在病中，马相伯回顾自己历尽坎坷，只见到侵略者蹂躏祖国河山、人民受难，没见到祖国繁荣昌盛，多次感慨地向前来探望他的门生故旧说："我是一只狗，为中华民族的前途日夜不停地叫（"叫"与"教"谐音），叫了 100 年，还没能把中国叫醒!"这话说得多么中肯，多么悲愤！他再三嘱咐伺候在侧的孙女，说："我死之后，你快回去，上前方参加抗日，不要忘记祖国正在受难，人民躺在血泊之中。"在他病危弥留之际，还念念不忘地要人告知前方抗敌的消息。

1939 年 11 月 4 日，马相伯去世。中共中央自延安发出唁电悼念。11

月 26 日，《新华日报》发表了题为《敬悼百岁老青年马相伯先生》和《团结救国，纪念老战士》等纪念文章，称颂马相伯热忱爱国，为中国教育事业的发展做出了卓越的贡献。

（选自《中国现代爱国者的故事》，作者曹宠）

马相伯（1840 年—1939 年），教育家，江苏丹徒（今镇江）人。早年任上海徐汇公学校长、清政府驻日使馆参赞，后创办上海震旦学院、复旦公学（复旦大学前身），任北京大学校长。他积极参与抗日救国运动，病逝于越南谅山。遗著编有《马相伯先生文集》。

民族忠魂

——经济学家马寅初的故事

1928年至抗日战争初期，马寅初在南京国民党政府立法院先后担任经济、财政委员会委员并兼任委员长。在那些充满污泥浊水的国民党机构中，许多人都唯命是从，亦步亦趋，人云亦云。唯有他，鹤立鸡群，始终能够保持自己品格的高洁，并敢于发表自己独立的见解。

抗日战争以前，他在浙江曾力主禁烟，到南京后，在立法院又提出了利国利民的“新盐法”和“粮食法”，但均因损害国民党要员的切身利益，未能实现。

抗日战争爆发以后，他又以专家的身份，一直在观察、研究当时中国的经济状况。在对蒋、宋、孔、陈四大家族和国民党财政金融界的种种内幕的剖析中，马寅初发现：中国当时的经济不仅由于日本帝国主义的大举入侵而遭到严重破坏，更为糟糕的是，在民族危亡的紧急关头，国民党统治集团不但不与人民共赴国难，反而趁机浑水摸鱼，大发国难财。他把这种情况精辟而形象地概括为：“前方吃紧，后方紧吃！”最先揭露了国民党四大家族官僚资本的经济专政。

为此，国民党统治集团对马寅初既恨又怕，但因他是驰名中外的经济学家，又不敢对他采取强硬措施。

“一群笨蛋! 你们怎么就不会想点办法把他挤走，或者使他就范!”蒋介石听罢他的下属向他报告马寅初的情况以后，怒气冲冲地说，“请马寅初来见我!”

几天后的一个上午，天气阴沉沉、雾蒙蒙的，马寅初应召来到蒋介石在重庆的林园官邸。

“马先生庐山一别，已有半年多未见，近来可好?”蒋介石寒暄着。

“今天我找先生来，有一事相商：即拟派先生去美国考察经济，先生愿住一段时间可以，愿长住也可以。我将任命先生担任中国驻美国特命全权大使或其他重要职务!”蒋介石故作尊敬一字一句地说。当他看见马寅初脸上毫无表情时，沉思片刻后，又补充道，“马先生不必现在回答，考虑好后随时告诉我。”

马寅初一边听着蒋介石的谈话，一边揣摩蒋介石的用意。他本想说：“‘国家兴亡，匹夫有责’，当此国难之时，我的职责是为抗战出力，绝不是离开祖国，到国外去享福!”但听到蒋介石最后说不必现在回答，于是他将就要说出口的话咽了回去。

蒋介石是在费尽心机以后，自以为得计地想出了这个一箭三雕的办法。他认为派马寅初去美国并委以重任：首先，可以表明他蒋委员长对马寅初的信任和重用；其次，出国对马寅初本人来说比较有利，他定会乐意接受；第三，也是他最根本的目的，是把马寅初挤走，以铲除他的心头之患。

马寅初呢?更有他的主意。出乎意料的是，他从蒋介石那里回家后，家里已经有几位客人在等他。

“马先生，你回来了，让我好等。”一位来客说。

“兄弟今天外出有事，让诸位久等了。”马寅初说。

“哪里，哪里，能为马先生办事，我们感到很荣幸。”一位来客毕恭毕敬地说，“在下奉蒋委员长之命，特来接马先生去北碚立法院居住。何时搬家，请马先生吩咐!”

“等我决定后告诉你，现在你可以走了。”

“是，在下现在就走。”

马寅初送走这位客人以后，开始同另外一位来客交谈。

“马先生，现在兵荒马乱、物价飞涨，许多人都在购买黄金和美钞，都在为自己将来的生活打算。”马寅初的这位金融贸易界的朋友小声地对他说，“我现在手上有一批货，你老兄是否也买一点儿黄金和美钞。这可是一个难得的机会，千万不可错过。只要你说个数，我保证给你办到!”

“谢谢你的好意。”马寅初说，“看来，今天之事绝非偶合，是有人经过精心策划后安排的。这样，我就只好正式发表声明了。”

说完，他随即坐在写字台前，用毛笔在一张白纸上飞速写下“严正声明”四个大字。在这个标题下接着写道：

一、值此国难当头，我绝不离开重庆去美国考察；

二、为了国家和民族的利益，我要保持说话的自由，国民党政府的立法院没有多大意思，我绝不去北碚居住，并要逐渐同立法院脱离关系；

三、不搞投机生意，不买一两黄金，一元美钞。有人想要封住我的嘴，不让我说话，这办不到!

马寅初

一九三八年于重庆

很快，马寅初的这份声明就被报告到了蒋介石那里。

“这个马寅初真不识抬举。”蒋介石气得不断骂人，“我叫他敬酒不吃吃罚酒。你们这群废物听着：要给我秘密盯着马寅初，他的言行要随时向我报告。谁要是给我误了事，后果你们自己明白。”

对马寅初实行拉拢、利诱、收买政策统统失败以后，蒋介石黔驴技穷，终于使出了他的看家本领：派出特务以暗杀相威胁。

1940 年中秋节的夜晚，天高气爽，皓月当空。马寅初刚从院里赏完月回到房间，他的夫人就递给他一封信，并说：“这是刚才一位不认识的先生专门送来的，送信人还再三嘱咐，一定要你亲自拆阅。”

马寅初接过夫人给他的信，刚拆开，信封里装着的一颗子弹就掉在了桌上。他抽出信纸一看，没有署名，只写着几句话：

不听招呼，要吃“卫生丸”的！

如果再要演讲攻击政府，将以手枪对待！

特此警告！

“卑鄙!”马寅初阅罢装有子弹的恫吓匿名信，无比气愤地说，“果然不出所料，蒋介石要动手了!”

面对特务的威胁，马寅初毫无畏惧。当天晚上，他在日记上写道：“我所讲的全系事实，有理有据，非讲不可！枪口是封锁不住真理的嘴巴的，特务们可以开枪杀人，但为了国家和民族的利益，我还是要讲……”

蒋介石为什么会这样凶相毕露，对马寅初突然采取这种赤裸裸的法西斯手段呢？

事情的缘由是这样的——

1940 年炎夏的一天上午，马寅初应邀来到重庆郊区山洞的陆军大学，面对蒋介石的 100 多位高级将领，马寅初如入无人之境。他没有讲稿，但却能够滔滔不绝，引人入胜地演讲：“现在我们中华民族已经到了生死存亡的紧急关头。在此危亡之际，全国必须一致抗日。全国上下应该有钱出钱，有力出力，同心同德，共赴国难。但是令人遗憾的是，目前的情况并不如此。现在是‘下等人’出力，农民和劳动人民在前线浴血抗敌；‘中等人’出钱，后方广大人民受到通货膨胀、物价上涨之害，减少了实际收入，为抗日负担了财力；‘上等人’既不出钱，又不出力，还要囤积居奇，高抬物价，从中牟利，发国难财。”

马寅初声色俱厉地继续说道：“更有甚者还有一种所谓的‘上上等人’，他们依靠权势，利用国家机密，从事外汇投机。翻手成云，覆手成雨，顷刻之间就获巨利，存到外国，大发超级国难财。我可以告诉诸位，这种猪狗不如的所谓‘上上等人’就是孔祥熙和宋子文等人。值此多事之秋，必须反对滥发纸币，反对搞通货膨胀。一定要真正做到有钱出钱，合理负担，一定要向有钱的人要钱，搞一次战时资本券或临时财产税。”

他声音洪亮地强调指出：“要做到这一点，首先就要把孔祥熙、宋子文等人撤职，把他们的不义家财拿出来充作抗日经费。”

马寅初一口气演讲了两个多小时，在演讲结束时，整个教室响起了经久不息的雷鸣般的掌声。

在蒋介石训练高级将领的陆军大学的讲坛上，马寅初竟发表这样的演讲，真可谓胆大包天！他的演讲结束时，那位主事的将军简直吓得魂不附体，因为他深知这一事情的严重后果。

那位将军果然受到了蒋介石的严厉训斥。不久，马寅初就收到了前面所记述的那封装有子弹的威胁恫吓的匿名信。

面对蒋介石反动集团的威胁，马寅初毫无畏惧，他已把自己的生死置之度外，决心同蒋介石斗争到底！他一如既往，到处发表演讲，对四大家族的无耻行径大胆无情地给予揭露。

这年 11 月 10 日，马寅初应黄炎培代表中华职业教育社的邀请，在重庆市区黄家垭口实验剧院，第一次向社会各界人士公开发表演讲。一阵热烈的掌声过后，他劈头就说：“今天，我把我的儿女都带来了。我的演讲就算是给他们留下的遗嘱。为了抗战，多少武人死于前方；我以为，我们文人也要不惜身家性命，拼死在后方尽职！我今天来向大家发表演讲，就是抱着这样的决心。”

一阵经久不息的掌声打断了马寅初的演讲。

“有人说蒋委员长领导抗战，可以说是我国的民族英雄，但我马寅初认为他根本不够资格；要说英雄，蒋介石也是一个英雄，不过他只是一个‘家族英雄’，因为他包庇他的亲戚家族，危害国家民族利益！我倒希望蒋先生能够做一个真正的民族英雄，他若要做民族英雄，必须做到四个字：大——义——灭——亲！惩办孔祥熙、宋字文。不除孔、宋就不能解救国家经济的窘迫。”

马寅初无比愤怒地说：“最后，还有一件事情，我要在此公开揭露。前些日子有人竟然写匿名信对我进行威胁恫吓，说什么不听招呼，要吃‘卫生丸’的，如果再要演讲攻击政府，将以手枪对待云云。

“今天我在这里正式发表声明：本人实在难以从命，更不能听从如此奉劝。在会场上的警察宪兵们，你们要逮捕我马寅初吗？要开枪杀人吗？”讲到这里，马寅初解开长袍的纽扣，拍拍胸脯，用手指着胸口说，“可以朝这儿打。但请耐心一点，等我讲完再下手不迟。

“在演讲一开始，我就说过，今天我把我的儿女都带来了，让他们都来听我的演讲，让他们知道我的主张究竟是什么。今天的演讲算我最后留给他们的遗嘱……我马寅初根本不怕死，如果怕死就不会来这里……”

长达 3 个多小时的演讲，赢得了全场 600 多名听众一阵又一阵的雷鸣般的掌声。他的演讲代表了人民的呼声，把在场的宪兵特务震慑得目瞪口呆。

在这次演讲之前，蒋介石已密令宪兵、特务，如果马寅初言论激越，当场立即予以逮捕。但在他们听了马寅初的演讲、看见数百名各界人士对马寅初尊敬和拥护的情景时，深感众怒难犯，最终未敢动手。

至此，马寅初和蒋介石已经彻底公开决裂。1940 年 12 月 6 日，蒋介石密令宪兵逮捕了马寅初，随后押入贵州息烽监狱；1941 年 8 月，转押至江西上饶集中营；1942 年 8 月，释放回重庆歌乐山家中继续被软禁，直到 1945 年抗日战争胜利才恢复自由。在长达 5 年的政治迫害中，马寅初始终坚强不屈，同祸国殃民的蒋介石集团进行了顽强的斗争。他不愧为爱国志士，民族忠魂。

（选自《马寅初传》，作者杨建业）

马寅初（1882 年—1982 年），著名经济学家、教育家、人口学家，浙江绍兴人。早年留学美国，回国后曾任南京国民政府立法院委员，新中国成立后曾历任中央财经委员会副主任、浙江大学校长等职。著有《经济学概论》《新人口论》等。

在日本占领地的监牢里

——诗人戴望舒的故事

1941 年 12 月 7 日，日本海军舰队偷袭珍珠港，太平洋战争爆发了。12 月 19 日，日军进攻香港，25 日香港沦陷，紧接着戴望舒做过副刊主编的《星岛日报》被迫停刊。这突如其来的一连串变化，给诗人本来就十分痛苦的心灵以沉重的打击。目睹日本侵略者的暴行，戴望舒非常气愤，但也更进一步激发了他抗日救国的决心。眼看着自己的同胞惨遭蹂躏和杀害，诗人的心在默默地流血。他尽自己的最大努力组织爱国活动，以各种形式宣传抗日，并严词拒绝向当局出卖爱国同志，终于在 1941 年冬天被捕入狱。

当时戴望舒与其他友人断绝了音讯。一批批文化工作者从香港撤退到大后方，却不见戴望舒归来，朋友们只有对天长叹，寄予无限的思念。后来香港与内地通邮后，朋友们写去的信也是石沉大海。他们渴望着自己的朋友和同志早日回来，但一直没有戴望舒的音讯，后来才知道戴望舒被关进了日本占领地的监牢。

在敌人的监牢里，戴望舒从肉体到精神都受尽了折磨和摧残，但他坚信抗战必将胜利，侵略者终将灭亡。正是这种坚强的信念，使他表现得十分坚强。在惨无人道的刽子手面前，他始终保持着宁死不屈、宁折不弯的斗争精神。敌人想使他屈服，但他们所看到的只是一个铁一样坚强的中国人的英姿。

在敌人黑暗潮湿的监牢里，他的健康每况愈下。原来满头的青丝已经被忧郁和痛苦染成了白发，原来身高体胖的他变得清瘦了许多；监牢里污浊而潮湿的空气，使他的气管炎不时被诱发，稍一激动便呼哧呼哧地喘个不停，连话也说不出来。在这种情况下，他始终以民族利益为重，始终保持着崇高的民族气节，把个人的生死和安危置之度外。他眷恋着祖国和人民，思念着亲人和朋友，为了表明自己的心志，他在敌人的牢狱里写下了著名的《狱中题壁》。每当我们朗诵这首诗的时候，就像看到了诗人那颗对祖国和人民赤诚的心。诗人深情地写道：

如果我死在这里，
朋友呀，不要悲伤，
我会永远地生存
在你们的心上。

你们之中的一个死了，
在日本占领地的牢里，
他怀着的深深仇恨，
你们应该永远地记忆。

当你们回来，
从泥土掘起他伤损的肢体，
用你们胜利的欢呼，
把他的灵魂高高扬起。

然后把他的白骨放在山峰，
曝着太阳，沐着飘风；
在那暗黑潮湿的土牢，
这曾是他唯一的美梦。

这是戴望舒诗歌风格的一个重要转折点，这是戴望舒式的爱国诗。我们的诗人，再也不是唱着伤春和悲秋之曲的年轻的垂暮者，而是面对着流血和死亡毫无惧色的民族英雄。

在现实的革命斗争中，戴望舒真切地感受到，只有中国共产党才是中国人民唯一的希望，因而在继《狱中题壁》之后不久写成的《我用残损的手掌》，以极其热情而明朗的音调，唱出了对革命圣地延安的迫切向往之情。他深情地喊道："只有那里是太阳，是春……" "……那里，永恒的中国!"

（选自《中国现代文化名人爱国故事》，作者喻名乐）

戴望舒（1905年—1950年），现代诗人，浙江杭县人。早年诗歌创作有唯美主义倾向，是现代派诗歌的代表。后积极抗日，创作了一批进步诗篇。1949年从香港回到北京，1950年2月病逝。著有《望舒诗稿》等。

崇高的民族气节

——作家许广平的故事

1936年10月22日下午，上海西郊万国公墓墓地，哀乐声声。这里正庄严地举行着鲁迅先生的葬礼。在数千名群众组成的送葬队伍中，许广平肃然伫立。她为鲁迅手写的献词，表达了埋藏在人民大众心底里的炽热情感和决心。

鲁迅夫子：

悲哀的氛围笼罩了一切，
我们对你的死，有什么话说！
你曾对我说：
“我好像一只牛，
吃的是草，
挤出的是牛奶、血。”
你不晓得，什么是休息，
什么是娱乐。
工作，工作！
死的前一日还在执笔，
如今……

希望我们大众，

锲而不舍，跟着你的足迹。

是的，许广平并没有沉浸在泪水和悲痛中，她决心踏着鲁迅的足迹前进。日寇入侵，中华民族处在生死存亡关头，许广平和全国人民一道，积极投身到抗日救亡、民族自卫的爱国斗争洪流中。

1941年12月，太平洋战争爆发，日本帝国主义加紧了对中国的侵略。12月8日，日军开进上海，整个城市在侵略者的铁蹄下呻吟。

在中国共产党的领导下，英勇的上海人民奋起抗战。文化界的知识分子根据变化了的形势和党的指示，有的转入地下，有的分散外地，继续进行斗争。这时，许广平还带着体弱的孩子海婴，是走，还是留？许广平想，我这个家在有些人眼里是看不起的，但这里的一草一木、一桌一椅、一书一物，凡是鲁迅先生留下来的，都要好好保存起来。这不是私产，这是中华民族的宝贵精神财富，应该好好保护它。在国家危难、个人生死关头，她考虑再三，决定留在上海，担负起保护鲁迅文化遗产的重任。

灾难果然降临到了许广平头上。日军刚刚在上海驻扎下一个星期，12月15日凌晨5点钟，天还没亮，10余名日本宪兵便衣和巡捕房的侦探对许广平的寓所进行了突击搜查。领头的是一个小个子、戴眼镜的日本宪兵，一进门，就冲着许广平用中国话问道：

“你姓什么？”

“姓许。”

“叫什么名字？”

“逸尘。”

“还有什么名字？”

“广平。”

“另外还有没有?”

“景宋。”

搜查开始。目标先是一个3尺多高的书橱，接着是抽屉。两个小时过后，敌人搜出了两大包东西，其中有《鲁迅日记》手稿、《鲁迅三十年集》、10余枚图章和一些书刊等。就在这个寒冷的早晨，许广平被押解到了日本宪兵队总部。

敌人知道，许广平是鲁迅先生的夫人，一定认识许多上海文化界的知名人士，了解上海文化界的情况，从她这里打开缺口，就能将这些人统统抓到。

审讯室内，满脸横肉的大块头宪兵曹长奥谷坐在椅子上，旁边陪坐着一个瘦瘦的翻译。敌人按照搜查到的一本本书籍、刊物仔细地审问许广平，作者是谁，住在哪里，她与作者是什么关系。一连4天，敌人施展了欺、吓、哄、诱的手法，只要回答的前后稍有出入，他们立刻抓住不放，威逼下去……

4天来，敌人没得到任何有用的消息。第5天，审讯的手段开始逐步升级。还是奥谷发话：“你认识什么日本人?”

“内山完造先生。”这是鲁迅和许广平在上海交往时间最长的日本朋友，人人皆知。

“还有什么人?”

“增田涉。”这是在鲁迅家里听讲《中国小说史略》的日本学者。

“还有呢?”

“没有了。”

“你撒谎!”奥谷脸色陡然一变，声色俱厉。接着是凶暴的骂声伴着几下响亮的耳光，打得许广平耳朵轰隆作响。

许广平心中泛起狂怒的波涛。

问话与拷打交替使用着。许广平一会儿清醒，一会儿两眼发黑。她的整个面部都被打遍了，敌人用皮靴朝她的大腿狠命踢去。

许广平平静地坐着，以沉默作答。她心想：身体可以死去，灵魂却要健康地活着。

在许广平面前，放着笔和纸。敌人答应只要她写出上海文化界的情况，马上就可以放她出去。

许广平被打得两眼青紫，面部红肿，大腿成块淤血，身上道道鞭痕。回到囚室，难友们见状后非常关心，大家在一起商量对策。其中一个年轻小伙子告诉她："最要紧的是前后口供一致。"这是应付敌人的好办法。每次拷问过后，回到囚室，许广平总是像小学生温习功课似的强记前次审问时的答话。凶残的敌人以为女人好对付，这次却选错了对象。许广平始终有一个坚定的信念：大不了一死，决不能出卖同志；牺牲自己，保全别人；牺牲个人，保存团体。当奥谷把3尺军刀架在许广平的脖子上时，她面不改色，双眼放出刚毅的光芒。当敌人命令剥光她的衣服，以拉到南京路游街相威胁时，她料定这是恐吓，心中暗笑敌人愚蠢。

一场更为严酷的斗争等待着许广平。敌人开始使用电刑，许广平不由自主地全身痉挛。电刑之后，全身骨节发酸，喉咙干痛，头痛欲裂，欲吐不能。从上午开始直到下午，敌人对许广平前后共用了十几次电刑，施一次电刑，逼一次口供。许广平忍受着巨大的肉体痛苦，极力保持着冷静的头脑、清醒的意识，她的信念更加坚定："去吧，大不了一死，敌人别想从我这里得到一点儿情报!"

许广平就是用这种凛然不可侵犯的革命骨气、坚韧不拔的革命毅力，战胜了敌人种种酷刑带给她的人间少有的磨难。在她身上，充分体现了崇高的民族气节，真正的鲁迅硬骨头精神!

最终，无畏的战士胜利了，敌人失败了。许广平被囚禁了整整 76 天，最后由内山完造先生保释出狱。这一天，细雨霏霏，正是 1942 年的元宵佳节。

（选自《中国现代文化名人爱国故事》，作者吕福堂）

许广平（1898 年—1968 年），现代作家，鲁迅的夫人，广东番禺人。长期协助鲁迅工作，后在上海参加抗日救亡运动和民主运动。曾任中央人民政府政务院副秘书长、全国妇联副主席、中国民主促进会副主席等职。

孤胆英雄　浩气长存

——人民英雄杨靖宇的故事

在抗日烽火遍地燃烧的日子里，有一支中国共产党领导的抗日军队活跃在白山黑水和林海雪原之间，这就是东北抗日联军，简称“抗联”。

“抗联”的领导人之一是杨靖宇。他于1905年2月16日出生在河南省确山县李湾村的一个贫苦农民家庭。1926年加入中国共产主义青年团，1927年参加领导了豫南农民起义，同年加入中国共产党。大革命失败后，在河南、上海、东北等地做过党的地下工作。“九一八”事变后，曾任中共哈尔滨市委书记，代理满洲省委军委书记。1934年，被选为中华苏维埃中央政府执行委员。在“抗联”中，他担任过第一军军长兼政委、第一路军总指挥兼政委。

“亲爱的同志们团结起，从敌人精锐的枪刀下，夺回来失去的我国土，解放亡国奴的牛马生活!”

这是杨靖宇写的《东北抗日联军第一路军军歌》中的句子。“抗联”战士正是这样战斗的。他们到处袭击日军的据点，破坏敌人的交通设施。为了打击敌人，他们在寒冬腊月，穿着单衣，冒着狂风大雪渡江。为了迷惑敌人，他们把鞋倒绑在脚上，使敌人看了印在雪上的脚印，朝相反的方向猛追。

仅1937年至1938年间，他们就连续战斗数十次，攻克了抚松、辉南、金川等大小城镇十余处，歼灭日伪军25000多人，沉重地打击了敌人。

敌人把杨靖宇视为心腹之患，调集大量兵力，对“抗联”进行严密封锁，疯狂围攻。“抗联”不得不转移到荒无人烟的原始森林中去，过着极其艰苦的生活。正像一支歌中唱的：天大的房，地大的炕，火是生命，森林是家乡，野菜、野兽是食粮……

1940年2月，风雪弥漫，气温达到零下40多度。在寒冷的大森林里，杨靖宇带领部队坚持对敌斗争。一天晚上，他带了十几个人，找友邻部队商讨反围剿的整个部署。

23日早晨，杨靖宇边打边走，来到了濛江县的保安屯附近。5天前，由于叛徒出卖，两个警卫员一个英勇牺牲，一个负了重伤，隐蔽在树洞里。杨靖宇这时孤身一人，饥饿寒冷一刻不停地侵袭着他。为了抗战，为了革命，饿了他就挖一块树皮、抓一把草根充饥，渴了抓一团雪吞进肚里。

谁知杨靖宇被敌人的密探发现了。不一会儿，一群敌人扑了过来。敌人见杨靖宇孤身一人，就拉开嗓门喊道：“杨靖宇投降吧，投降可以让你做东边道司令!”

杨靖宇在敌众我寡的严峻时刻，临危不惧，双手拔出两支手枪，对准敌人射击。敌人一连倒下了十几个，其余的吓得趴在地上糊乱开枪。杨靖宇趁敌人慌乱时向河边后撤，趟过了一条小河，正要向北走，只见北面山上也出现了敌人；又向西南走，但西南的敌人也正在涌过来。杨靖宇就选择了一棵大树作为掩护，在树旁又用双枪不停地瞄准射击敌人。敌人从四面继续狂叫：“投降吧，你跑不出去了！投降了让你当大官！”

杨靖宇正气凛然，高喊道：“共产党员宁死不投降！为革命牺牲没有

什么可惜!”他一个人和数百名敌人战斗了一个多小时，一批批敌人倒了下去。敌人恼羞成怒，疯狂地朝杨靖宇射击。这时杨靖宇已身负重伤，他坚强地挺起高大的身躯，举起有力的臂膀，用浑身的热血和最后的力气喊出了发自肺腑的声音：“抗日联军万岁！中国共产党万岁！革命胜利万岁！毛主席万岁!”

这雄壮的声音在密林的上空回荡，直冲云霄！敌人的机枪响了，杨靖宇同志为了中华民族的解放，为了祖国和人民，为了共产主义伟大事业，光荣地献出了自己宝贵的生命!

杨靖宇牺牲后，惨无人道的日本侵略者割下了他的头颅，送到长春日寇关东军司令部去邀功请赏，敌人面对着杨靖宇的遗体，像恶狼一样的嚎叫：“快快解剖，我要看看他肚子里到底有什么特别的东西，为什么他这样厉害!”他们从杨靖宇解剖后的肠胃中发现的是没有消化的树皮、草根和棉絮。敌人见此情景非常惊讶。杨靖宇同志就是凭着这些“粮食”，在生命的最后5天之中，只身一人和上百名敌人辗转搏斗的。

杨靖宇同志牺牲后，盘踞在我国东北的日本侵略军以为抗日力量从此绝灭，他们在报上以特大号铅字印着“杨靖宇部已被肃清”。日寇关东军司令部还宣布：所有参加讨伐的部队放假3个月。但是就在他们放假还不到3天时，抗日联军又在濛江一带出现了。在党的领导下，战士们继承杨靖宇的遗志，唱着他写下的气壮山河的军歌，战斗、冲锋，冲锋、战斗，直到把日寇最后赶出东北。

新中国成立后，党组织费了很多周折，找到了杨靖宇同志的遗体。长白山地区的人民为了永远纪念曾在当地转战多年的抗日民族英雄杨靖宇同志，从1954年起就在通化市郊修筑杨靖宇陵墓。1958年2月23日，在杨靖宁同志牺牲18周年的时候，通化市隆重举行了杨靖宇烈士遗体安葬仪式。

为了纪念杨靖宇同志，毛主席和金日成都送了花圈。朱德亲笔题词："人民英雄杨靖宇同志永垂不朽!"杨靖宇同志同敌人血战到底的原濛江县已改名为靖宇县；他最后被围困的那片森林也被命名为靖宇林。红色新江山，烈士血染成，英雄杨靖宇，长活在人间。

（改编自《光照千秋》，林维吉等编）

杨靖宇（1905年—1940年），无产阶级革命家，东北抗日联军的主要领导人之一。原名马尚德，河南确山人。曾任中央豫南特委书记、东北反日救国会总会会长、东北抗日联军第一军军长兼政委等职。1940年2月23日，在吉林濛江与日军战斗中壮烈牺牲。

为求民族生存而斗争

——爱国英烈杜重远的故事

《生活》周刊是中华职业教育社创办的，邹韬奋任主编。由于《生活》周刊一直坚持宣传抗日，反对蒋介石的不抵抗政策，于 1933 年 12 月 16 日被国民党政府查禁。当时邹韬奋在国外，大家都希望有一种新的刊物来代替《生活》周刊，继续为抗日救国大声呐喊。

就在这关键时刻，对《生活》周刊有着深厚感情的杜重远挺身而出，于 1934 年 2 月创办《新生》周刊。他不顾国民党当局的威胁和可能面临的迫害，自任该刊的发行人和总编辑，立志继承《生活》周刊的精神，“为求民族生存而奋斗”。他在《发刊词》中呼喊道：“中国到了这步田地，不是几个能征善战的军事家，抵抗了一个多月，就可以挽回劫运；也不是几个雄才善辩的外交家，几次的折冲樽俎，就可以解决国际纠纷；更不是几个流氓式的学者、马路上的政客，东拉西扯，抄袭一些新主义、挂起一块空招牌，就能把四万万五千万人，拯之于水火，登之于衽席。在现在，必须使大多数民众对于中国民族的地位、帝国主义的侵略，有深刻的了解，对于民众自身的任务与前途，有切实的认识，方能鼓起民众的勇气和决心。”《新生》周刊正是以此为宗旨，在每期的首页上开辟《老实话》专栏，大力揭露日本帝国主义在高唱“中日提携”“中日亲善”的烟幕下，妄图灭亡全中国的阴谋。杜重远的文章短小精悍，有力地鼓舞着人民进行抗日救国运动。《新生》周刊每期发行量达十万份，居全国首位。

《新生》周刊的战斗力量，引起了日本帝国主义和国民党当局的恐慌。他们寻找机会，企图将它与《生活》周刊一样，置于死地。1935 年 5 月 4 日，《新生》周刊发表艾寒松化名易水写的《闲话皇帝》，泛论中外君主制度，文中提到日本天皇，说他是个生物学家，对生物学很有研究，在宫中有实验室，他大半时间花在蝶类的分析研究上。结论说，如果他的毕生精力能多用在研究工作上，则成就将更大。日本驻沪领事借此文章，以“侮辱天皇，妨碍邦交”为口实，向国民党政府提出所谓“严重抗议”，要求封闭《新生》周刊、惩办编者和作者。这种无理要求竟被国民党政府接受。

杜重远不畏强暴，在刊物将被查封的严峻时刻，6 月 30 日为《新生》周刊最后一期写下《告别读者诸君》一文，愤怒地向人们揭露：“本刊一向站在反帝的立场，对于日本帝国主义者更毫不客气地常常揭露他们的阴谋，因此得了一个‘触犯刑章’‘妨碍邦交’的罪名。一纸命令，竟限日停刊了。”为了鼓舞人们的抗日爱国激情，杜重远又在文章中指出：“本刊为反帝而创办，尽反帝的使命，现在又为反帝而牺牲，这种牺牲是光荣的，是我们所乐意的。”他满怀信心地写道：“亲爱的读者诸君，请记住过去的屈辱，认定正确的路线，激起斗争的勇气，担当历史的使命。最后的胜利不是属于帝国主义者，到底是属于被压迫的人民啊!”

1935 年 7 月 9 日，他大义凛然地出庭申辩，称这篇文章是外来稿件，不知作者真名，自己是总编辑，负完全责任。国民党政府在日本侵略者的压力下，悍然判处杜重远一年零两个月的徒刑，监禁在上海漕河泾监狱，并迫令《新生》周刊停刊。面对“抗日有罪”的严酷现实，杜重远满腔怒火，在法庭上发出了“我不相信这还是中国的法律”的正义呼声。

《新生》周刊事件轰动全国，激怒了四万万五千万人民。国民党政府慑于舆论的压力，不得不在杜重远被囚的漕河泾监狱单独开辟一处特别牢房。在狱中，杜重远收到中国共产党地下组织送来的马克思、列宁的著作，把囚室当作课堂，夜以继日地读书学习。同时，各界爱国人士特别是东北军的官兵，络绎不绝地到监狱里看望他。杜重远趁此又把囚室当作活动的场所，继续进行抗日救国活动。

1935 年 10 月 11 日，东北抗日救亡团体派高崇民前来探望，杜重远利用此机会，与他共同研讨了国内的政治形势。他们联名致函东北军总指挥张学良，劝他停止内战，实行国共合作，一致对付日本侵略者。同时，杜重远把经常与他联系的中共地下党员宋介农（即孙达生）以及胡愈之、邹韬奋等，介绍给高崇民，以加强与东北军的联系。10 月下旬，杜重远又托高崇民将他的亲笔信带到西安，分别给第十七路军总指挥杨虎城将军和张学良将军，促进张、杨的联合。

12 月，张学良在南京开完会后，特意到上海看望杜重远。杜重远恳切地劝导张学良，一定要看清民族危亡的根本，一举改变过去固执执行“剿共”内战政策的做法。东北军能攻善战，应当用武于抗日疆场，立功于抗御外侮的征战。杜重远还向张学良指出：“日寇并不可畏，真正可畏的是一个民族丧失了气节。只要万众一心，中国是有前途的，也只有在消灭了外患之后，才能谈到中国的光明前程。”杜重远的一番话，加上上海人民的抗日斗争精神，帮助正在徘徊踌躇的张学良认清了方向、迈步前进。

1936 年 9 月 8 日，杜重远出狱。他不顾身患疾病，10 月即赴西安与张学良共商大计。12 月 12 日，张学良、杨虎城发动西安事变，逼蒋抗日，为抗日统一战线的建立创造了条件。

西安事变爆发后的第3天，杜重远刚回到江西，就被陈立夫软禁。陈立夫认为他是张学良思想转变的幕后策划者，因而质问他："西安事变，究竟如何解决？"杜重远当即回答道："我完全同意共产党的抗日主张，拥护《八一宣言》。"陈立夫气急败坏，将杜重远押送到南京，直到蒋介石回到南京，才将他释放。杜重远回到上海，又积极投入营救张学良的活动，并在东北军中进行宣传解释工作。当西安事变和平解决后各方商讨成立联合政府时，周恩来代表中国共产党方面，推荐宋庆龄、杜重远、沈钧儒等人作为联合政府负责人。

1937年，抗日战争爆发，杜重远冒着枪林弹雨奔走于武汉和西北，利用各种机会宣传中国共产党的抗日民族统一战线政策，宣传八路军英勇抗日的辉煌战果。1938年，他在武汉、香港多次见到周恩来。种种惨痛的经历和革命实践使他认识到，只有坚定地跟着共产党走，抗战才能取得胜利。

1939年，抗日战争进入相持阶段。当时新疆督办盛世才伪装进步，邀请杜重远去新疆创办新疆学院。杜重远与盛世才是留学日本时的同学，他怀抱着把新疆地区发展成为抗日根据地和促进那里文教事业的强烈心愿，欣然前往。为此，他还拒绝了国民党为拉拢他而许诺的种种高官厚禄；谢绝了美国友人劝他赴美兴办实业的邀请；抛弃了东北、江西、云南等地的瓷厂；放弃了大城市优越的生活条件，并动员妻子和内弟，同往新疆参加革命工作。

在新疆学院，杜重远讲中国共产党的统一战线课，宣传抗日，宣传民主，反对封建，反对割据，深受学生们的欢迎，但遭到盛世才的嫉恨。1940年，盛世才借故将他软禁在家。1941年，苏德战争爆发，盛世才急于投靠蒋介石，制造了一起起阴谋暴动案。5月18日，竟以"苏联间谍"

“汉奸”“托派”的罪名，逮捕了杜重远。在狱中，杜重远受尽酷刑，但仍坚贞不屈，表现了革命斗士的浩然正气。1943 年 10 月，盛世才为向蒋介石效忠，在杀害大批共产党人后，开始对杜重远下毒手，他派人在杜重远的食物中下毒，使他肠肺烂穿。盛世才又命令军医给杜重远注射两支毒针，残酷地将他杀害，并毁尸灭迹。

杜重远被盛世才杀害的消息两年后才传开。1945 年 7 月 24 日，《新华日报》发表社论，称誉杜重远为“最热忱的爱国主义者、最坚决的民主战士”。邓颖超为杜重远殉难 40 周年纪念题词，赞誉他是“革命左派先驱，爱国拥党英烈”。

（选自《中国现代爱国者的故事》，作者陈祖恩）

杜重远（1897 年—1943 年），爱国民主人士，吉林怀德县人。早年留学日本，1929 年被选为奉天省总商会副会长，后组织东北民众抗日救国会，创办《新生》周刊。1939 年任新疆学院院长，后被军阀盛世才秘密杀害。

青史留名姓字香

——张自忠将军的故事

1940年5月23日上午，长江岸边的湖北宜昌市，笼罩在一片悲壮肃穆的气氛之中。人们抬着一具灵柩，自东山公园向江边缓缓前进。街道两旁，人们自动焚燃起香烛，不少人失声痛哭。正在这时，空袭警报响了，日本侵略者的飞机飞临市区上空，低飞盘旋，但是队伍依旧在哀乐声中镇定地前进……

灵柩中安卧着几天前在与日寇浴血奋战中以身殉国的国民党第三十三集团军总司令张自忠将军。

一

张自忠于天津北洋法政学堂毕业后，即赴东三省投入当时的新练陆军第二十师第三十九旅当了一名新兵，并以能够吃苦耐劳得到了旅长车震的赏识。1916年，车震将张自忠推荐给驻守在河北廊坊的第十六混成旅旅长冯玉祥。从此，张自忠就成为西北军的一员，由排长、连长、营长而逐步晋升为团长、旅长、师长。他受冯玉祥将军的影响，治军严明，练兵中经常身先士卒，以身作则，对军风军纪要求严格。

1937年卢沟桥事变时，张自忠在二十九军任三十八师师长。该军将士对日寇的侵略行径义愤填膺，在宛平奋起抵抗，给侵略者以沉重的打击。

捷报传来，全国人民群情振奋。蒋介石这时虽然迫于舆论，作出了要抗战的表示，但又指示二十九军军长宋哲元与日寇谈判，不要扩大事态。宋哲元也深恐蒋介石借日寇之手消灭非嫡系的二十九军，趁此机会放弃了对日寇的抵抗，将部队撤出了平津，并指定张自忠代理冀察政务委员会委员长，兼任北平市长。一时，全国舆论大哗。各方对张自忠的指责颇多，有的斥之为“汉奸”。

不久，张自忠化装自北平出走，到天津乘英国轮船抵烟台，然后经济南到南京。由于冯玉祥从中斡旋，蒋介石仍任命他代理五十九军军长。

在平津事件中，张自忠在很大程度上是奉命行事，却又要代人受过有口难辩，他内心当然十分苦闷。他清楚地认识到，只有用今后的实际行动才能使全国人民真正了解自己。1938年初，他由南京回到河南新乡的五十九军驻地时，就坚定地对部下表示：“我这次回来，愿为祖国而死!”他还说：“不论什么部队都可以打败仗，唯独我张自忠的部队不能打败仗。我只有拿真实的战绩，才能洗白干净。”

在此后的几次战役中，张自忠都率部队与日寇顽强奋战。1938年的临沂战役中，五十九军与敌军鏖战昼夜，将号称“铁军”的日军板垣师团击溃，取得了振奋人心的胜利。经过这次战役，人们对张自忠的看法有了很大变化。不久，张自忠又率部参加了武汉会战，重创日寇，随即被晋升为第三十三集团军总司令，进驻鄂西荆门县一带，在汉水两岸与日寇展开了周旋。

二

1940年5月初，日寇分三路大举进犯襄樊、宜昌，共两个师团和临时配属的两个联队，并配备数十架飞机和多门大炮。

张自忠这时虽然被任命为国民党第五战区的右翼兵团总司令，除去原指挥的部队外，又增加了两个集团军和其他一些部队，但实际上分散布防，各自为战，联络阻隔，指挥不灵。张自忠能够直接指挥调遣的还是自己的第三十三集团军，和进犯的敌军比较起来，在兵力方面实际上处于劣势。而第三十三集团军所辖的两个军，一个军（第五十九军）由张自忠兼军长，另一个军（第七十七军）由集团军副总司令冯治安兼任军长，张、冯之间也有矛盾，不能很好地配合。

形势是很不利的，这一点张自忠也很清楚。5 月 1 日，战役即将打响时，张自忠给部下写了一封亲笔信：

看最近之情况，敌人或要再来碰一下钉子。只要敌来犯，兄即到河东与弟等共同去牺牲。国家到了如此地步，除我等为其死，毫无其他办法。要相信，只要我等能本此决心，我们的国家及我五千年历史之民族，决不致亡于区区三岛倭奴之手。为国家民族死之决心，海不清，石不烂，决不半点改变！愿与诸弟共勉之。

战斗打响后，前线部队伤亡惨重，战况不利，张自忠十分焦虑。5 月 6 日晚，他与集团军总部人员开会，提出：“我明天过河去督战!”大家劝他还是坐镇总部，并建议请冯治安去。但冯治安回电话说：“情况随时变化，我离不开身。”张自忠于是决心亲自过河。

5 月 7 日清晨，张自忠带领部队与日寇展开了激战。枪炮交作，震耳欲聋，不时有炮弹从头顶飞过，然而张自忠面对强敌，临危不惧，指挥有方，战斗颇有进展。

5 月 9 日至 13 日，张自忠率部向北突进，此时，第五战区司令长官对敌情缺乏了解，对战场形势缺乏正确的判断，于 5 月 13 日错误地电令张自忠部由北折回，以致陷入敌军的包围之中。张自忠看到前后左右，全是敌军，深感自己是到了上天无门、入地无路的绝境。为了挽回局势，张自忠暗下决心要拼死一战。经过几天几夜的战斗，张自忠的部队和敌军都有很多伤亡，尸横遍野，污血横流，紧接着张自忠的部队粮食弹药也缺乏接济，敌人又从俘虏的官兵口中了解到张自忠亲自指挥部队的情况，更加紧了对他的包围。

面对这种不利的形势，张自忠仍然镇定地指挥部队与敌人展开了激烈的战斗。

5月14日夜晚，他带领部队从被敌人包围的方家集冲了出来，于次日早晨到达一个叫罐子口的山口。这里地形险要，敌人要向南前进，只有这个山口可以通过。张自忠下令部队猛冲过去，夺取山口。当吹起冲锋号时，队伍在密集的火力下，誓死不退，前仆后继，冲上了山坡，和敌军白刃作战，终于从敌军手中夺过了山口，紧紧扼守住。

5月15日这天，罐子口枪炮声不绝，硝烟迷漫，战况十分紧急。敌人尽管调来了大部队进攻，但仍然攻占不下这个山口。

5月16日，战斗更为紧张激烈。敌人攻占了罐子口以北1500米的一个山头，用大炮从山头对准我方阵地直接轰击，部队伤亡惨重。张自忠命令部队："一定要死守阵地。没有子弹了，用刺刀刺，用大刀砍，用石头投，最后用牙咬！要坚决与敌人拼个你死我活！"战斗又持续了半天，我方将士大部分都牺牲了。张自忠负伤后，不要随从人员为他包扎，带伤继续指挥战斗。下午3时左右，敌人冲上我方阵地，张自忠又身中数弹，右胸被洞穿。他终于实践了自己的誓言，为国家流尽了自己的最后一滴血。

三

张自忠将军壮烈殉国的噩耗传来，举国为之悲痛，人们用各种方式向这位爱国英雄表示敬意。

民生轮船公司特地派出"民风"号客轮，义务由宜昌运送灵柩去重庆。运送灵柩的轮船途经之处，群众们都在江边举行隆重的公祭仪式。

张自忠将军殉国之地的湖北宜城县，一度改名为自忠县，一些大城市也都命名了张自忠路。

张自忠将军的灵柩被安葬在重庆北碚。冯玉祥亲自为之书写了"张上将自忠之墓”的墓碑。

中国共产党领导人朱德、彭德怀、董必武送去了挽联、挽诗，对张自忠将军的爱国主义精神做了高度的评价。

朱德、彭德怀同志的挽联是：

一战捷临沂，再战捷随枣，伟哉将军精神不死；打到鸭绿江，建设新中国，责在朝野团结图存。

董必武同志的挽诗是：

男儿抗日死沙场，
青史留名姓字香。
中原倘有英灵护，
争让倭奴乱逞狂。

如今的重庆张自忠将军墓园，已成为对广大人民群众进行爱国主义教育的庄严场所。

（选自《名人之死》，王凌等编）

张自忠（1891 年—1940 年），山东临清人，著名抗日将领、民族英雄。1937 年至 1940 年先后参与临沂向城战斗、徐州会战、武汉会战、随枣会战与枣宜会战等。1940 年在襄阳与日军的战斗中，不幸牺牲。

壮志难移　大节不死

——抗日民族英雄马本斋的故事

抗日民族英雄马本斋出身于河北省献县东辛店一个贫穷的回族家庭。母亲白文宫常以岳飞为国尽忠的故事教子，使马本斋逐渐懂得了做人要正直、有志气，要替黎民百姓效力的道理。马本斋少年时期曾随父外出逃荒，尝尽人间的苦痛。他后来参加了旧军队，在军阀混战中度过了10年，由士兵一步步升到团长。但他从未忘记母亲的教诲，一直想凭良心为老百姓做点儿好事。然而这个愿望没能实现，他体验到旧军队的腐败，自己所处的地位与自己所追求的爱国主义理想是背道而驰的，便于1935年秋天弃官归田。

爱国忧民　奋起抗战

1937年，日本侵略者制造了卢沟桥事变，激起了马本斋的爱国热忱。他和母亲商量说："国难当头，我们作为中华民族的子孙，决不能袖手旁观!"他的想法得到了母亲的支持。于是他走家串户，为乡亲们讲解当年义和团杀洋鬼子的事迹，鼓励大伙抗日，保家护庄救国，并带领村里一帮小伙子习拳练武，准备对付日本侵略者。

同年8月30日上午，东辛庄全村的男女老少都集中在清真寺。在喷呐、笙笛的吹奏声中，大家唱起了自己编的歌谣：高粱红，五谷香，日寇侵占我家乡，回族儿女立壮志，拿起刀枪杀东洋……马本斋站在大厅的台阶上，看人差不多来齐了，便以洪亮的声音对大家讲道：

“乡亲们，咱们堂堂正正的中华民族，凭什么让日本鬼子欺侮？乡亲们，不当亡国奴，就得抱起团来跟鬼子们干!”

乡亲们纷纷应答道：“没说的，拉队伍干吧!”许多人把家里藏着的长矛、单刀以及打兔子用的火枪都献了出来。

从此，东辛庄“回民义勇队”宣告成立，马本斋被推举为队长。母亲语重心长地对他说：“本斋，大伙儿这样看重你，你可得好好给大伙儿办事。”马本斋听后点了点头。

马本斋组织的“回民义勇队”震动了四乡。他说：“我拉队伍只认一个理，就是为了抗日救国。”他率领这支队伍（约两个连的兵力）开赴抗日战场，在沧州、河间公路上炸翻日军的军用卡车，在牙子河畔狙击汉奸队伍。

率领队伍　参加我军

1938年2月，马本斋带着队伍参加了八路军。他说：“共产党说话做事都和咱们回族人想的一样，找到这样光明的党才算有了靠山。”同年五六月间，在河间沙河桥与回族干部教导队汇合，编为回民教导总队。马本斋任总队长，指挥着这支抗日武装，在敌后截军车、袭据点、毁公路，屡建战功，威震敌胆。日本的《东亚圣战报》接连惊呼：“回民教导总队的动向，应引起我大东亚之皇军的注意，并应认真对待。”

秋天，这支武装转战到无极、藁城一带，这时马本斋已是中国共产党党员。1939年夏天，这支回民武装改称为“回民支队”，上级派老红军郭陆顺任支队政委，马本斋任支队长。他高兴地说：“党给我的‘回民支队’派政委是把我们与老红军、老八路一样看待了。我们把老红军、老八路的作风学到手，部队就能建成打不烂、拖不垮的铁军!”建立了政治委员制度，开展了有力的政治工作之后，部队的战斗力提高了。日伪军在“回民支队”的沉重打击下龟缩到了几个主要据点里，不敢轻举妄动。这支部队被誉为百战百胜的“回民支队”。

英雄母亲　坚贞不屈

敌人得知马本斋是个孝子，妄图利用马母瓦解这支部队。1941 年 8 月 27 日，日伪军突然出兵包围东辛庄，抓走了马本斋的母亲。马母年事虽高，却有一颗爱国心，儿子抗日她积极支持，她说：“谁家老人不让儿子出去打日本鬼子，我去做劝说工作。”儿子出征杀敌，她和村里的妇女们一起为官兵们做饭、洗衣、照顾伤病员。当日伪军围住东辛庄枪杀无辜百姓、火烧清真寺时，她挺身而出，怒斥敌人的暴行，不幸落入魔爪。第二天，她被押到河间县日本宪兵队。

敌人先是摆好下酒菜，假惺惺地让马母入席，企图在饭桌上感化她；又以高官厚禄、花言巧语诱骗她写信劝马本斋“归顺皇军”，都被马母顶了回去。马母痛斥敌人，愤怒地说：“讲条件，就是让本斋不要管我。好好带着‘回民支队’，打你们这些强盗!”

敌人露出了凶相，立即换上刑具，连夜对她审讯。在诱骗、逼供和严刑拷打面前，马母坚贞不屈，并义正词严地对敌人说：“告诉你们吧，我儿子当八路军是我叫他去的，要我写信叫他投降万万不能！要杀要剐你们冲着我来吧!”

敌人的伎俩连遭失败，便指派在伪河间县政府当差的回民去“照看”

马母，同样被马母一眼识破，她以绝食相抗争。3天后，马母陷入了昏迷状态。9月7日凌晨，她突然睁开眼睛呼喊道："本斋，娘对得起你，你要好好打鬼子，给娘报仇，给乡亲们报……"话未说完，一阵咳嗽，吐出两块紫色血块，英雄的母亲为抗日救国献出了生命。

壮志难移　大节不死

1941年夏秋期间，"回民支队"给了日军山本联队以沉重打击。狡猾的敌人变换了花招，放出话来，说什么"马本斋如果拉队伍过来，最低给个师旅长"。马本斋就放话出去，来了个"八路军的政策不杀俘虏，山本只要放下武器，缴械投降，保证留他一条命""有我马本斋就没有你山本，有你山本就没有我马本斋"。

当马母被敌人逮捕后，同志们请求立即去营救。马本斋心如刀割，但他以抗日大业为重，克制自己的感情，向郭政委表示："请党放心，我是共产党员，从入党起就把自己的一切都交给党了。娘被抓走，儿子照样打鬼子!"当马母为国殉难的消息传开后，马本斋同志没有流泪，而是在党的领导下，统率"回民支队"，更加英勇杀敌。

1944年1月底，冀鲁豫军区杨得志司令员来到"回民支队"，向指战员作了奔赴延安担任新的战斗任务的动员。就在这时，马本斋因脖后生疮，波及脑髓，病情严重，住进了医院。部队出发时，他躺在担架上去送行，他说："同志们想我，我也想念同志们，但这不是一次普通的行动，个人感情都必须扔掉! 你们要跟着共产党走，坚决抗战到底!"

2月7日，马本斋半坐着，手里拿着一本毛主席的《论持久战》和记笔记的钢笔，停止了呼吸。

党中央领导同志高度评价了马本斋同志的一生。毛泽东在挽联上写道：“马本斋同志不死。”朱德送的挽联是：“壮志难移，汉回各族模范；大节不死，母子两代英雄。”周恩来送的挽联是：“民族英雄，吾党战士。”吴玉章在追悼会上致辞说：“从马氏母子的英雄事迹看来，我们中国各民族都能出现这样好的民族英雄。事实上在抗战中，他们已经创造了很多可歌可泣的史诗。”

马本斋生时英武不凡，终时壮志不灭。他们母子俩宝贵的思想品质，高尚的民族气节，永为人民敬仰。

（选自《光照千秋》，林维吉等编）

马本斋（1901年—1944年），抗日民族英雄，回族，河北献县人。抗日战争时期八路军冀中军区回民支队的创建人，他率领回民支队驰骋在冀中平原，英勇善战，威名远扬。

《囚歌》一曲动地哀

——革命家叶挺的故事

叶挺将军曾经担任过孙中山卫队团营长、国民革命军团长。他率领的部队革命性强，英勇善战，所向无敌。在北伐战争中，他们以少胜多，一举击溃军阀吴佩孚主力，威震敌胆，有“北伐名将”的美誉，所部被称为“铁军”。

1927年，在中国共产党的领导下，叶挺参加组织了八一南昌起义，继而参加了广州起义。在抗日战争中，他任新四军军长，率全军将士进行了4000多次战斗，打死、打伤和俘虏日军、伪军十多万人；同时在江苏、安徽一带创立了抗日根据地，声威远扬，战功赫赫。

为了坚持抗日救国，反对投降分裂，1941年1月初，新四军驻皖南的军部及许多部队奉命向北转移，途中遭到国民党预设的八万重兵的包围和伏击，因敌众我寡，力量悬殊，仅2000多战士突出重围，其余除少数被俘外，大部分壮烈牺牲，军长叶挺不幸被捕。这就是震惊中外的“皖南事变”。

在狱中对敌斗争

叶挺被囚禁在江西上饶李村监狱，单独关在第四囚室里，囚室里黑暗潮湿，几把稻草铺在地上，周围有很多臭虫、跳蚤。蒋介石为了诱骗叶挺投降，下令在监狱里不戴脚镣手铐，准许看经过严格检查的书籍。叶挺为了勉励自己，在囚室墙上写下了“富贵不能淫，威武不能屈”“正气压邪气，不变应万变”“坐牢三个月，胜读十年书”等豪言壮语。

一天，第三战区司令顾祝同派车把叶挺接到司令部参加宴会。叶挺坐在那里，不动声色，冷眼旁观。顾祝同见叶挺不苟言笑，便压低嗓门说：“昨天委座特别从重庆拍来电报问候叶将军，委座说，新四军这次违反军令……”

叶挺气愤地说：“什么话！新四军为顾全大局，按照你们指定的路线北移，违反了哪一条军令？”顾祝同连忙说：“请别误会，请别误会。这次新四军……完全是项英受了共产党的指示，与军长无关，军长不必代人受过。你现在又不是共产党员，我们可以很好地合作嘛！”

叶挺冷笑一声回答说：“你们想得倒不错！这次事变如果像蒋介石说的有什么军令和法纪问题，那么我是新四军军长，一切由我负责，你们可以公开审判，我要将事实真相向全国人民公开！”

叶挺的一番话把顾祝同驳斥得张口结舌、无言以对，但顾祝同还不死心，又说：“叶将军，你我共事多年，兄弟愿以忠言相告，军长的军事天才早已闻名寰宇，委座十分钦佩，只要能够在新四军违反军令的问题上发表一个宣言，马上就委任你为第三战区副司令。我们就能合作抗日……”

叶挺拍着桌子厉声斥责道：“无耻！把你们这一套收起来吧！你们不顾国共合作共同抗日的诺言，悍然制造皖南事变，陷害新四军。合作抗日这个字还亏你说得出口！你们如果是诚心诚意找我谈判，必须立即释放新四军全体被囚人员，那么我愿率领旧部重赴抗日前线，否则我们之间就没有什么可商量的余地！”

上官云相连忙来打圆场，他软中带硬地说：“叶军长不要发火，有问题好商量嘛。以军长的才能，如果愿意合作，前途不可限量，否则……”

叶挺仰脸大笑，无所畏惧地说："叶挺头可断，血可流，志不可屈!"第三战区两个司令的诱降行动就这样失败了。

击败蒋介石劝降

1941 年8 月，叶挺被押送到重庆，软禁在一座小洋房里。蒋介石亲自来劝降，他对叶挺说："皖南事变责任在共产党，你没有责任。写个声明就可以当副司令，必要时我可以让你当司令。"

叶挺直截了当地对蒋介石说："当务之急是释放新四军被困人员的问题，不是谈做官!"蒋介石摇头说："这些人都是共产党，不能放。"叶挺针锋相对地问："既然如此，你还要我当司令？"蒋介石被问得哑口无言，最后他无可奈何地说："算了，算了!"

过了不久，第六战区司令陈诚先后两次把叶挺拉到他的司令部驻地——湖北恩施，硬给叶挺挂上一个少将高级参谋的官衔，按月给叶挺高参待遇的薪水。陈诚还经常坐着小车登门拜访，赠送礼物，企图用高官厚禄、舒适生活来软化叶挺。但叶挺对革命、对人民忠贞不渝，敌人的阴谋接连失败。

激愤挥笔写《囚歌》

叶挺被捕之后，先后被转移多处。1942 年 2 月，叶挺被囚禁在重庆"中美特种技术合作所"集中营，受着残酷的迫害。11 月间，叶挺的身体已被摧残得很衰弱了，但他仍毫不畏惧地坚持革命，渴望重回新四军，率部消灭日本强盗。蒋介石不顾国家和民族的存亡，把叶挺囚禁起来，反复威逼利诱，硬逼叶挺反对抗日救国的共产党。叶挺越想越愤恨，拿起笔来，在囚室的墙壁上书写了满怀悲壮、正气凛然的《囚歌》：

为人进出的门紧锁着，为狗爬出的洞敞开着，一个声音高叫着：爬出来吧，给你自由！我渴望自由，但我深深地知道——人的身躯怎能从狗洞子里爬出！我希望有一天，地下的烈火，将我连这活棺材一齐烧掉，我应该在烈火与热血中得到永生！”

有一天，一个国民党特务头目走进囚室，贼眉鼠眼地打量了叶挺一会儿，突然说：“叶军长，如果你能够出狱，第一件要做的是什么事呢？”叶挺毫不犹豫地回答：“如果我能出去，第一件事就是请求中国共产党恢复我的党籍。”这个特务头目又试探着问：“叶军长，你如果能和国民党合作，马上就可以获得自由。”叶挺坚定地说：“要我和国民党合作反共，你们做梦去吧。如果有一天我能获得自由，我马上就奔赴延安。”

苦熬软禁志更坚

1943年夏季，叶挺的子女以及大姨子一家人从澳门迁居桂林，要求和叶挺见面。敌人为了欺骗人民，平息舆论，就把叶挺送到桂林，公开说叶挺与家人团聚，获得了自由，实际上仍是被软禁着。

叶挺和他大姨子两家人一起，在桂林市郊偏僻处租了房子，每月都要交房租，生活十分困难。平时叶挺领着孩子们在门前野地里开荒种菜。他又把妻子的首饰卖掉，买回十几头山羊和小猪，在屋后的小山上放养，以维持全家的生活。

叶挺家的隔壁住着一个拄拐杖的特务，整天在后山上监视着叶挺全家。在附近还住着四个特务，专门跟踪叶挺及其家人，不但叶挺的一举一动受到监视，连他的孩子也不放过。特务还经常闯进叶挺家偷听和监视。叶挺常把特务“训”得狼狈不堪。

有一次叶挺质问特务说：“新四军在前方作战，有哪一点对不起人民、国家和民族？为什么你们要和日本鬼子勾结起来，千方百计想消灭新四军？”问得特务哑口无言，低头溜了出去。

同年 12 月 25 日，特务突然走进来对叶挺说：“你们家有只羊被人偷去了。”叶挺随即去后山，当走到半山腰时，跑来 20 多个持枪的特务，围住叶挺，领头的拿着一封信对叶挺说：“陈司令请高参去恩施玩。”叶挺愤怒地说：“为什么不到我家来请，你们简直就是土匪!”接着给那个特务一记耳光，特务见势不妙，一拥而上，把叶挺绑架走了。从此，叶挺又被囚禁在了湖北恩施的牢房里。

回到党的怀抱里

1945 年 9 月，抗日战争胜利了。经中共中央向国民党严正交涉，国民党才派飞机去恩施接叶挺到重庆，但叶挺仍然没有获得自由。中国共产党一再向国民党提出释放政治犯的要求，指名要蒋介石释放叶挺。在爱国民主党派人士的声援和社会舆论的压力之下，蒋介石才被迫接受了共产党和人民的要求。

1946 年 3 月 4 日，被国民党囚禁 5 年零 2 个月的叶挺终于出狱了，他和爱人李秀文及子女会面了。董必武、王若飞、邓颖超、廖承志和我党驻重庆办事处的同志们都前往迎接，晚间为叶挺开了盛情的欢迎会。叶挺激动地站在讲台前，感谢党和人民对他的关怀和爱护，向亲人们报告了他在狱中英勇斗争的情况后，他坚定地说：“只有中国共产党才能使中国成为一个和平、民主、富强的国家，也只有毛泽东同志的思想，才能正确地指导中国人民创造一个和平、民主、团结的局面!”

叶挺出狱是党和人民的胜利，他深感喜悦和幸福。就在出狱的第二天，他兴奋地拿起笔来，一口气写好了申请入党的电报：

毛泽东同志转中国共产党中央委员会：

我已于昨晚出狱。我决心实现我多年的愿望，加入伟大的中国共产党，在你们的领导之下，为中国人民的解放贡献我的一切。我请求中央审查我的历史是否合格，并请答复。

叶挺

1946年3月5日

党中央很快答复了他的入党请求，毛主席亲笔修改了电文：

亲爱的叶挺同志：

五日电悉。欣闻出狱，万众欢腾。你为中国民族解放与人民解放事业进行了二十余年的奋斗，经历了种种严峻的考验，全中国都已熟知你对民族与人民的无限忠诚。兹决定接受你加入中国共产党为党员，并向你致热烈的慰问与欢迎之忱。

中共中央

3月7日

叶挺实现了多年的愿望，重新回到了党的怀抱。毛主席在复电中亲自把叶挺将军改称为“亲爱的叶挺同志”。这伟大而亲切的称呼让叶挺感到无比的幸福和骄傲。妻子李秀文高兴地对朋友们说：“我一辈子不曾看见过他像今天这样欢喜!”

革命精神传后代

叶挺回到党的怀抱后，即请求为党工作。5年多的黑牢生活，摧残了他的身体。党中央、毛主席决定让他休养一段时间，但强烈的革命责任感使他心感不安。他不顾虚弱多病的身体四处奔走，揭露蒋介石发动内战的罪行，号召一切革命人民团结在党中央和毛主席的周围，为争取祖国的和平、民主、统一而斗争!

叶挺恳切地说：“我请求党马上让我工作。”在周恩来同志的直接领导下，他作为我党的代表之一，参加了国共谈判，为争取实现和平民主，同蒋介石展开针锋相对的斗争，为巩固和发展人民抗日胜利果实而日夜工作。

1946 年 4 月，蒋介石准备撕毁《双十协定》，发动内战。我党代表王若飞、秦邦宪、叶挺、邓发等同志，在 4 月 8 日乘飞机回延安向党中央汇报。叶挺的爱人李秀文和两个子女也登上了飞机，当天上午 10 时左右，飞机迷航，在山西境内的黑茶山失事，王若飞、叶挺等同志均不幸遇难。

毛主席得知消息后非常悲痛，寝食难安，日夜怀念遇难的烈士们。4 月 18 日，延安以及各解放区都隆重举行追悼会。毛主席亲笔题写了“向四八遇难烈士致哀”“你们为人民事业而死，虽死犹荣”的挽词。远在重庆的周恩来也亲笔题写了挽词：“你是人民队伍的创造者，北伐抗战，你为新旧四军立下了解放人民的汗马功劳。”叶剑英也挥泪为叶挺写了挽联：“三十年戎幕同袍，六载别离成永诀。五千里云天在望，一腔热泪为招魂。”

叶挺同志的功名永在，浩气长存!

（选自《光照千秋》，林维吉等编）

叶挺（1896 年—1946 年），无产阶级革命家、军事家，中国人民解放军的创始人，新四军重要领导者之一。其所在的国民革命军第四军在北伐中被誉为“铁军”，参与指挥南昌起义并出任前敌总指挥，参加广州起义时任起义军工农红军总司令，抗日战争中又出任新四军军长。

最后的演讲

——文学家闻一多的故事

1945年的8月，日本投降了。闻一多听到胜利的消息后，就在一家小剃头店里把他留了8年的美须剃掉了。可是8年抗战刚刚结束，国民党政府不顾人民的死活，又发动了残酷的内战。闻一多和其他民主人士领导着昆明的反对内战运动。国民党特务除了恐吓之外，还制订了暗杀闻一多的计划，许多朋友都为他担心，但他并不怕，而且更加加紧了工作。9月，闻一多被选为民盟中央执行委员及民盟云南支部宣传委员兼《民主周刊》社社长。

12月1日，穿着制服的暴徒几百人打到各个学校里来，西南联大4名优秀学生被杀害，这就是当时轰动全国的“一二·一”惨案。惨案发生之后，闻一多依然勇敢地领导着青年们继续进行反内战运动。于是敌人各处散布谣言，说是要用巨金收买闻一多的头颅。特务们还给闻一多戴上了“红帽子”，说他是共产党，给他起一个外国名字，叫作“闻一多夫”。他们用标语、小刊物作下流的人身攻击，说闻一多拿共产党的津贴，说他为了解决家庭生活困难才这样做。闻一多对这些无耻的造谣和漫骂并不理睬，继续和青年们在一起，引导着青年们在正确的道路上走下去。

西南联大的学生于1946年5月开始，分批复员北上，接着，一班班飞机把闻一多的同事们送走了。6月20日，闻一多的两个孩子跟着叔叔先去重庆，再由重庆去北京，他自己准备在7月10日前后，带着妻子和其余的孩子走。

昆明群众担心联大学生走了，特务分子们会更加横行无忌。果然，当联大学生走完的那天晚上，中国民主同盟中央委员、教育委员会副主任委员李公朴就被暗杀了。闻一多闻讯后无比悲愤，赶到云大医院，抱住李公朴的遗体哭喊道："公朴没有死，公朴没有死!"

闻一多决定留下来，替李公朴办好丧事再走。外面风声很紧，说是继暗杀李公朴之后，下一个暗杀对象就是闻一多。他也确实收到了特务的恐吓信，朋友们劝他避开，可是他没有这样做。他明白，参加民主运动就要有死的决心。闻一多的妻子患有心脏病，她请求闻一多不要出去。他说："事已至此，我不出去，怎么对得起死者？万一怎样，我也顾不得了。"

7月15日上午，在云南大学至公堂举行李公朴追悼大会，闻一多毅然出席了大会。会场里布满了特务。李公朴治丧委员会首先请李夫人讲述李先生殉难经过。当李夫人泣不成声的时候，在场的人都不禁流下了眼泪，而那些特务们却在会场里抽烟、说笑、胡闹。

这时候闻一多跳上讲台，用悲愤沉痛的声音开始讲话。他说："这几天来，昆明出现了历史上最卑劣最无耻的事情。李先生究竟犯了什么罪，该遇这样的毒手! 他只不过用笔、用嘴写出了说出了千万人心中的话。大家有嘴有笔，有理由可以讲可以写啊，为什么要打要杀，而且偷偷摸摸的杀！在这里，有没有特务？你们站出来，是好汉的话，有理由站出来讲!"人们热烈地鼓掌，而卑劣的特务哪里敢正大光明地站出来。闻一多的声调变得更加有力了："打了人，杀了人，还要诬蔑人，说什么'桃色案件'，说什么共产党杀共产党，无耻啊，无耻！这是反动派的无耻，是李先生的光荣……特务们，你们想想，你们还有几天？真理是一定会胜利的，反动派的末日，就是我们的光明!”

他略略降低了声调，沉痛地对时局发表了看法，最后他拍着桌子大声说：“反动派，你看见一个倒下去，可也看得见千万个站起来。正义是杀不完的，因为真理永远存在。历史赋予昆明的任务——民主与和平，我们昆明青年，也是全中国青年，必须完成这个任务！争取民主是要付出代价的，我们每个人，都像李先生一样，跨出了门，就不准备再跨回来！”

人们狂热地鼓掌，他的话深深地刻在了大家的心里。散了会，青年们拥着闻一多离开会场。到了家里，闻一多向深陷焦虑的妻子说：“我回来了。没事，别怕。”他的妻子刚安下心来，不到半个钟头，他又出去了。

闻一多匆匆赶到府甬街《民主周刊》社去，主持了为李公朴被暗杀事件举行的记者招待会。下午5点半左右，会议结束，闻一多的长子闻立鹤来接他回家。

他们哪里知道，云南警备司令部的军用吉普车早已把稽查处派遣的特务熊广福等4人送到了西仓坡，他们已经埋伏在西南联大的附近。当闻一多父子走到离宿舍大门只有十来步远的地方时，特务们从两边闪出来一齐开枪射击。闻一多头部、身上连中数弹，当即倒地身亡。立鹤为了保护父亲也身负重伤。

闻一多被杀害的消息，立即引起了中外各界的强烈反应。民主同盟主席张澜，其他民主党派和全国各地人民，以及加拿大、美国爱好和平的人士，都纷纷举行集会或致电声讨国民党反动派的血腥暴行。周恩来以中共代表团的名义致电悼唁，并在上海举行的记者招待会上，严厉谴责国民党反动派的暗杀罪行。毛泽东和朱德在唁电中称赞道：“先生为民主而奋斗，不屈不挠，可敬可佩。”

（选自《名人之死》，王凌等编）

闻一多（1899年—1946年），现代诗人、学者，本名家骅，湖北浠水人。曾留学美国，学习美术、文学，后任清华大学等校教授。因反对国民党发动反人民的内战，于1946年7月15日在昆明被国民党特务暗杀。遗著由朱自清等编成《闻一多全集》。

美名千古传

——爱国将领杨虎城的故事

1949年9月17日深夜，重庆解放前夕，在松林坡戴公祠的深宅内，一位气宇昂然的爱国军人被国民党特务用匕首杀害。同时倒在血泊里的，还有他的两个子女和秘书夫妇等人。这位被害者，就是闻名中外的西安事变主要发起者之一、有功于全国抗战事业的杨虎城将军。

“九一八”事变后，日本帝国主义疯狂侵略中国，中华民族面临新的危机。杨虎城身为陕西省最高军政长官，不顾南京政府的反对，积极支持各界人士的抗日救国活动。1933年3月，正当日军占领热河，铁蹄向长城各口推进时，杨虎城亲自到石家庄面见蒋介石，要求北上抗日，遭到蒋介石的冷遇。此后不久，蒋介石采取突然袭击的方式，撤销了杨虎城省政府主席的职务，并千方百计地削弱他的实力。

杨虎城曾与红军打过仗，并损失惨重。在严酷的事实面前，杨虎城认识到，蒋介石利用非嫡系军队打先锋，是作为消灭非嫡系的手段。因此希望蒋介石抗日是靠不住的，不抗战就没有出路，他和第十七路军不抗战也没有出路。于是他明确表示：“我们不能跟着蒋介石殉葬，只有他干他的，我们干我们的。”

1935年11月，杨虎城在南京时，在天津坚持地下工作的共产党人南汉宸，派人向他转达中国共产党的《为抗日救国告全国同胞书》（通称《八一宣言》）。当杨虎城得知，共产党愿意立刻与中国一切愿意参加抗日救国事业的各党派和地方军政机关进行合作，组织“国防政府”的主张时，顿有绝处逢生之感。他派人到天津去找南汉宸，表示完全同意中国共产党的这一决策，愿意与共产党合作，并请南汉宸派人到西安研究具体办法。

杨虎城回到西安不久后，共产党人汪锋携带毛泽东亲笔信见他，具体会谈建立抗日统一战线问题。杨虎城提出的一些问题，汪锋都作了令人信服的回答，从而更加坚定了他联共抗日的信心。杨虎城将军协同张学良将军在西安事变中，与中国共产党合作，推动了全国一致抗日。他是有功于国家、民族的。西安事变后，蒋介石迫令杨虎城辞职。1937 年 6 月，以所谓“特别专员”的身份，将他放逐到欧美去调查军事。7 月 9 日，杨虎城乘船抵达美国檀香山时，获悉卢沟桥事变爆发的消息，非常痛心，即发电报给南京，要求回国抗战，但遭到蒋介石的拒绝。

随着国内抗日战争局势的扩大，杨虎城决心先去欧洲宣传抗日，再回国抗战。在欧洲的 5 个月中，他以巴黎为中心，积极参加人民团体的抗日活动，并发表充满爱国激情的抗日讲演，同时还参加巴黎的反法西斯人民阵线运动。在此期间，他先后两次致电国民党南京政府，再三要求回国抗战，蒋介石皆置之不理。

1937 年 10 月底，杨虎城毅然决定回国。当时，一些人认为蒋介石反复无常，对西安事变怀恨在心，劝他不要回国。但杨虎城坦然地表示：“宁使蒋介石负我，不能使我负国家、民族，个人利害，在所不计。我如今回到祖国，为的是愿当一兵一卒，亲上前线杀敌。即使人家不让我上前线或把我杀害了，我也问心无愧。”金石之声，热忱可见。

11 月 26 日，杨虎城到达香港，蒋介石即令戴笠派特务前往严密监视，随后又以南昌接见为由，将杨虎城扣留在南昌。此后，杨虎城被囚禁在长沙、益阳、贵州、重庆等地，前后历时 12 年，过着与世隔绝的软禁生活。在此期间，蒋介石派戴季陶、朱绍良等进行诱说，要杨虎城悔过，并揭发中国共产党对他的欺骗等等，但都遭到杨虎城的断然驳斥。

杨虎城将军被囚，激起了全国人民的极大义愤，中国共产党和全国人民多方面进行营救。1946 年在重庆召开的政治协商会议上，中共代表团郑重地提出：立即释放张学良、杨虎城将军。同年 12 月，在延安召开的纪念西安事变 10 周年的大会上，周恩来代表中国共产党又一次提出："我们要求立即释放张、杨两位将军，他们是大有功于抗战事业的。"

1949 年初，国民党政府根据中国共产党提出的和谈要求，曾以代总统的名义，下达释放杨虎城的命令，但由于未得到在幕后操纵的蒋介石的允许，未能实现。

后来杨虎城将军惨遭杀害，全国人民悲愤不已。1949 年 12 月 16 日，中共中央在致杨虎城家属的唁电中，高度评价杨虎城坚持爱国民主立场的历史功绩，指出："杨将军的美名，将为全国人民所永远纪念。"

（选自《中国现代爱国者的故事》，作者王少普）

杨虎城（1893 年—1949 年），国民党爱国将领，陕西蒲城人。曾参加辛亥革命，1929 年任国民党第十七路军总指挥，1935 年任陕西绥靖公署主任。1936 年和张学良一起发动西安事变，后为蒋介石长期监禁，惨遭杀害。

生的伟大　死的光荣

——少年英雄刘胡兰的故事

来到英雄的家乡山西省文水县云周西村——如今的胡兰镇，在刘胡兰革命事迹陈列室里，烈士的一件件遗物和反映她生平事迹的绘图、雕塑、照片以及有关文献资料尽现眼前，许多年过去了，但英雄的感人事迹仍历历在目。

一个机智勇敢的小八路

1942年，刚满10岁的刘胡兰就参加了抗日救国儿童团。

一天，村干部石世芳得到一个情报：有一股敌人正向东堡村窜去，这时候，正好有一位区干部在云周西村布置完工作往东堡村去了。怎么办？几个村干部研究决定，要派一个人赶紧到东堡村送信。刘胡兰知道后，自告奋勇地要去，石世芳有点儿不放心，说："要是碰到了敌人，你怎么办？"

刘胡兰说："要是去的时候碰上敌人，我就把信吃到肚子里；如果回来的路上碰到敌人，我更有办法对付他们。"就这样，刘胡兰把信藏在身上，很快送到了东堡村。

1943年秋天，日本鬼子要把抢来的一批粮食运走。中共文水县县委决定，发动全县人民展开夺粮斗争，军分区干部刘芳接到指示，要趁信贤据点唱戏去摸清敌人囤粮的情况。

这天中午，刘芳扮成一个商人，骑着自行车带着刘胡兰夹在看戏的人群中，奔向信贤村去侦察。

他们机智地混过了敌人的岗哨，进入信贤村。当刘芳和内线接头的时候，刘胡兰就在街上放哨。忽然，几个敌人走了过来。刘胡兰按照事先约定的暗号，朝院子里扔了一颗小石头，就转到一棵大树后头盯着敌人。只见一个又矮又胖的日本鬼子队长对身边的一个汉奸说："刘子仁，看戏的人中有没有八路?"那个汉奸点头哈腰地对鬼子队长说："太君，这里是皇军的天下，八路哪敢进来!"不一会儿，刘芳出来了，两个人看了一会儿戏，随着人流顺利返回了云周西村。

经过侦察证实，敌人最大的囤粮据点在西庄。于是，在县委领导下，以八路军和县区武工队为前导，10000多群众和1000多辆大车随后，将西庄据点的100多万斤粮食全抢回来了。这一次抢粮胜利也有刘胡兰的一份功劳。

一切为了支援前线

1946年夏天，蒋介石悍然发动了对解放区的全面进攻，解放战争进入了新的阶段，解放区军民在共产党和毛主席的领导下奋起自卫，云周西村党组织提出了"一切为了支援前线"的口号。

这一天，我军得到一个情报，阎锡山军队要到云周西村一带扫荡。第二天拂晓，敌人果然来了，预先埋伏在大象镇附近的我军将敌人的队伍拦腰截断，残敌一部分逃到了北贤村，一部分缩回到东庄，我军把这两个村子严严实实地包围起来了。消息很快传开，人们高兴得眉开眼笑。一场激烈的围歼战打响了，云周西村的群众都积极地投入了支援前线的战斗。刘胡兰也向吕雪梅要求参加担架队。吕雪梅说：“不行，你还小，前方很危险。”刘胡兰坚决地说：“请党组织考验我吧，只要党需要我，再危险我也不怕。我虽然年纪小，给战士们烧水做饭总行吧!”

刘胡兰被派到大象镇组织妇女烧水做饭，这里是前线指挥部，离北贤村只有三四里地，枪声不断，子弹在耳边呼啸。刘胡兰和大家一起沉着地给前线的战士们送水送饭。一位指挥员再三劝她们不要来了，说这里太危险，刘胡兰却说：“不怕，战士们不都在这儿吗。”

战斗胜利了，刘胡兰和战士们一样，心里非常高兴。

区上分配给云周西村做 200 双军鞋的任务。刘胡兰组织召开了全村妇女大会进行了动员，妇女们情绪非常高昂，保证做到：鞋一斤重，底一指厚，一只底上至少要纳 500 个针码。一双双军鞋送来了，又结实又好看，有的鞋底上还纳着“英勇杀敌”“坚持斗争”的字样。

宁死不屈　英勇就义

1946 年 6 月，党组织正式讨论了刘胡兰的入党问题，全体同志一致同意吸收刘胡兰为中共候补党员，到年满 18 岁时再转为正式党员。

这年 11 月，形势越来越紧张，蒋介石调集了几十万军队准备进犯延安，阎锡山趁解放军主力转移向晋中展开了洪水漫灌式的扫荡。上级本来决定让刘胡兰转移到吕梁山根据地，可她坚决要求留下来坚持斗争，她说：“我年纪小，便于隐蔽，而且我熟悉当地情况，便于开展工作。”12 月，阎锡山的军队进袭文水，刘胡兰坚持地下斗争，并与战友们秘密联络武工队，处死了汉奸云周西村伪村长石佩环。敌人疯狂地进行报复，1 月 8 日，在反动地主石廷璞的配合下，抓走了地下工作者石三槐、石六儿、石五则和另外两名群众。石三槐和石六儿在敌人的严刑拷打面前坚贞不屈，骂不绝口，没有暴露一点儿秘密。但是石五则为了保全性命，供出了村里的共产党员，出卖了革命。家人都劝刘胡兰赶紧上山去躲躲，刘胡兰坚定地说："我是干部，不能随便离开工作岗位，走不走要等组织上通知。"

1947年1月11日晚，区长带领20多个武工队员来接刘胡兰上山，刘胡兰说要安排一下工作第二天一早再走。12日早上天刚亮，刘胡兰换上了干净的罩衣，又拣了一些大枣准备带给同志们吃。她看时间还早，就又动手洗起衣服来。就在这时候，阎匪军营特派员张全宝和连长许得胜带领100多人突然包围了云周西村。村里响起了急促的锣声，敌人通知每家只准留一个人，其余人都到村南的观音庙前集合。来不及走了，怎么办？妈妈让刘胡兰到金忠家躲一躲，可是那里已经有好几个人了。为了不连累别人，刘胡兰随着乡亲们来到了观音庙前。

观音庙前站满了被逼来的乡亲们，周围是荷枪实弹的匪军。刘胡兰清楚地知道，一场严峻的考验就在眼前。她从容地掏出了一块洁白的包过毛主席相片的手绢，又掏出了土改时石世芳送给她的一个清凉油盒，脱下了奶奶留给她的指环。刘胡兰把这三样东西郑重地交给了母亲，要她保存好。由于叛徒告密，匪军们吆喝着来抓刘胡兰，妇女们紧紧围住了刘胡兰，男人们也都涌了过来，要保护刘胡兰。匪军连长许得胜拔出手枪，大吼道："谁敢再动一下，我就枪毙他!"匪徒们也都拉开了枪栓，用刺刀尖顶着乡亲们的胸膛。刘胡兰分开人群，挺立在敌人面前，大喝一声："闪开!"昂首走了过去。

在观音庙的西厢房里，审讯开始了。匪军营特派员张全宝凶狠地问道："你们村的石村长是谁杀的？"刘胡兰横眉冷对："不知道!""最近有哪些共军来过你们村？""不知道！"张全宝看审问不出结果，一会儿用软的一套劝降，一会儿用死来吓唬。刘胡兰大义凛然，回答说："你给个

金人，我也不‘自白’！怕死不当共产党员!”

敌人穷凶极恶，残酷的屠杀开始了。石三槐、石六儿、石世辉、张年成、陈树荣、刘树山都被敌人用铡刀杀害了。刘胡兰怒视着匪军，屹立在刑场中间。她望了望站在西边的妇女，那里边有她的母亲和妹妹；又望了望东边，那里有她纯朴的父亲。然后，她又望了望在场的所有群众，向匪军大喝一声：“我咋个死法?”张全宝和许得胜一起吼叫起来：“一个样!”群众们狂怒了。张全宝狠毒地狂叫着，要把群众全部杀光，一个不留。刘胡兰向前大跨一步，威严地说：“要杀要砍我顶着，不准伤害群众!”

刘胡兰甩了甩披在脸上的头发，昂首挺胸，从6位烈士的遗体前走过，走到铡刀前。在生命的最后一刻，刘胡兰高呼：“中国共产党万岁！毛主席万岁!”

刘胡兰烈士为了祖国和人民的解放，宁死不屈，英勇就义。毛主席亲笔为刘胡兰烈士题词：“生的伟大，死的光荣。”她的伟大爱国主义和共产主义精神，永照人间！

（选自《中国教育报》，作者辛铝）

刘胡兰（1932年—1947年），山西文水人。1946年在山西文水县云周西村参加支援前线工作，同年加入中国共产党。1947年1月12日被捕，在敌人的铡刀下英勇不屈，从容就义。

舍身炸碉堡

——一级战斗英雄董存瑞的故事

1948年5月的一个傍晚，解放军的部队逼近了隆化。

敌人已经将隆化变成一座地狱。他们在城的四周修筑了一连串高高低低的碉堡。他们的司令部所在地——隆化中学，更是碉堡林立。许多条看不见的暗沟，把一连串的子母堡连接在一起，碉堡上全是枪眼。

中学里面，敌人把所有的墙壁都变成了有射击孔的夹墙。筑有射击孔的暗沟暗堡，就像蜘蛛网似地布满了全校。

我们的部队在隆化的周围挖着交通沟，董存瑞所在班是挖得最快的一个班。休息的时候，他不断跑到连部去，碰到指导员就问：

"是不是批准我送第一包炸药？"

"不要急，有得打的。"

"快答应吧！我心里着了火啦！"

一天下午，连里开动员大会。动员报告刚做完，战士们都争先恐后地报名，表示自己的决心。董存瑞第一个上台，讲了自己的决心和完成任务的条件。

最后，连长讲话了："同志们，根据各项条件，董存瑞应该担任第一名爆破手，大家同意吗？"连长刚说完，许多人都鼓掌表示同意。

董存瑞走上主席台，兴奋地接过红旗，庄重地说出了自己的决心和保证：第一，坚决完成爆破任务，不消灭敌人，誓不回来；第二，轻伤不下火线，重伤不喊叫。最后，他愤怒地高呼："打倒蒋介石，解放全中国!"接着，突击组、火力组的人选也确定了，郅顺义做突击组长，二排长做火力组长。现在只剩下支援组长了、一班长一个箭步跑上去，接过"支援"的红旗，紧紧握着董存瑞的手，激动地说："我们全力支援!"

朝霞染红了东方。董存瑞手挟炸药，伏在前沿阵地的壕沟里，待命出发。进攻前的时间让人焦急无比，一分钟比一天还长。

董存瑞的任务是扫清敌人的外围工事。这个核心工事共有四个碉堡。董存瑞事先进行了周密调查、反复计算，制订了他认为满意的作战方案。他对上级交给的任务充满了信心，现在只要命令一下，他就可以飞奔前去。

攻击的信号发出了。大炮吼叫着，炮弹带着刺耳的声音飞向敌阵，敌人的炮火也猛烈还击了。隆化城顿时成了一片火海。

爆破手出击的命令下来了。

董存瑞一挥手，火力组的机枪狂叫着，用炽烈的火力压制着敌人的碉堡。董存瑞挟起炸药包一个箭步冲了出去。郅顺义、王德胜、小李……也紧跟着冲了出去。

董存瑞弯着腰，像一阵风一样，跑着"之"字形，接近了碉堡。敌人发觉了，集中全部火力向董存瑞扫来。董存瑞眼尖手快，早趴在了土坡下。

郅顺义对准碉堡，扔了两个手榴弹。手榴弹的爆炸声刚响起，董存瑞就从烟雾中冲了上去。

董存瑞冲到碉堡前，敌人的机枪又响了。他机智地伏在碉堡的两个枪洞之间，机枪震得他微微发颤。他迅速地把炸药包架在碉堡上，拉响了导火线，随即翻身滚了下来。

山崩地裂一声响，一股黑烟冲向天空，碉堡被炸飞了。董存瑞被气浪震得头发晕，耳朵里嗡嗡响。他知道，在这紧要关头，一秒钟也不能耽搁。他跃起身来，挟起第二包炸药，冲过第一个碉堡的烟雾，跑到了另一个敌人的碉堡。当敌人清醒过来时，他早把炸药包拉响了。又一个碉堡又被炸飞了。

紧接着又是两声巨响，王德胜和小李把另外两个碉堡也炸掉了。

我军的小号兵站在高高的小丘上，尖锐的冲锋号声响彻云霄。连长挥着小红旗，带领全连冲了上去。吓破胆的敌人，仓皇溃退了。外围战胜利结束了。

敌军司令部——隆化中学的围墙也看见了，战士们猛扑过去。正在这紧急关口，敌人的6挺机枪狂风暴雨般扫射了过来，这突如其来的火力，把我们的战士压制在了一个小土坡下面。

原来那6挺机枪架在桥上，那座桥筑在中学墙外的河上，桥的两边筑有墙，顶上还有盖，成了一个坚固的碉堡。不拿下它，就接近不了学校。

敌人在疯狂地挣扎，6挺机枪不停地扫射着。董存瑞前面成了一片火海，他仅仅靠着一块凹地隐蔽身体。

可恶的碉堡离董存瑞不过50米，但这一带到处都是密集的子弹，就是鸟儿也休想飞过去。

郅顺义接二连三地扔出了手榴弹，手榴弹在碉堡前开了花。敌人愣了一下，机枪卡住了。在这一瞬间，董存瑞借着黑烟的掩护，爬起来，向着碉堡跑去，跳到河沟里。郅顺义也跳进了河前的壕沟。

这是条干涸了的河，河上有桥，碉堡就筑在这桥上。敌人清醒了，6

条火舌继续疯狂舐噬着前面的开阔地带。

董存瑞走到桥下，这桥离河床有一人多高。他没有火药支架，河里也找不到一根棍子。董存瑞只好将炸药包放在桥沿上，可是两次都滑了下来。要是放在河床上，又炸不毁碉堡，他急得身上像着了火一样。

中学里面，冲杀一阵紧似一阵。董存瑞心急如焚，他很清楚，战友们正在和藏在碉堡中的敌人厮杀。每延长一分钟，就会有更多的战友伤亡。

他手中只有一包炸药，怎样才能用这包炸药炸毁碉堡呢？

董存瑞抱起炸药包，眼睛闪着光芒，思潮似波涛般汹涌。他下定决心：为了胜利，就是牺牲自己，也要炸毁敌人的碉堡。

董存瑞昂起头，挺起胸，大踏步走到桥底中央，毅然地用左手托起炸药包，紧抵在桥底上。他用右手将导火线猛地一拉，导火线烧着了，闪着耀眼的火花，急速地烧向炸药包。

董存瑞看了一眼导火线，它离炸药包只有一寸多了。他用尽全身力量，大声喊着："同志们，为了胜利，前进!"

随着火光一闪，巨大的爆炸声震得山摇地动，浓烟把太阳也遮住了，碉堡被炸得无影无踪。

19岁的董存瑞英勇地献出了自己年轻的生命，他用自己的身体为胜利开辟了前进的道路。

那巨大的爆炸声，就像一声号令，战士们一跃而起，冲过烟雾，扑向敌人。

"同志们，前进！为董存瑞报仇，前进!"

队伍像潮水般涌进了中学。

红旗在隆化中学升了起来，残余的敌人投降了，隆化解放了。

伟大的英雄，中国人民优秀的儿子——董存瑞，壮烈地为祖国、为共产主义事业献出了自己年轻的生命。他那光辉的英雄形象，将永远活在人民的心里。

（选自《理想·战斗·献身》，国防科工委政治部编）

董存瑞（1929年—1948年），战斗英雄，河北怀来人。抗日战争时期任儿童团长，1945年参加八路军。1948年我军解放隆化城时舍身炸碉堡，英勇牺牲，时年19岁。部队授予他“战斗英雄”称号，新中国成立后，人民政府在隆化建立了董存瑞烈士陵园。

有骨气的中国人

——文学家朱自清的故事

1948年6月17日，清华大学的几位进步教授在一起开会，商量倡议拒绝购买美援面粉的事。

当时，美国正在推行扶持日本的政策，同时又为表慈悲施舍一点儿援助物资，让国民党发放一种配购证，凭证可以购买一定数量的平价美国面粉，以收买人心。教授们对美国和国民党政府的这种无耻伎俩，深感气愤，经过讨论研究，共同起草了一项声明。声明是这样写的——

为反对美国政府的扶日政策，为抗议上海美国总领事卞宝德和美国驻华大使司徒雷登对中国人民的诬蔑和侮辱，为表示中国人民的尊严和气节，我们断然拒绝美国具有收买灵魂性质的一切施舍物资，无论是购买的或给予的。下列同仁同意拒绝购买美援平价面粉，一致退还配购证，特此声明。

声明写好以后，大家决定分头去征集签名。他们首先想到的是要请那些在社会上有名望的著名人士签名。

朱自清是清华大学中国文学系主任，这几天正有病在家。他的体重已降到35公斤了，瘦得只剩下皮包骨。

朱自清的胃病很严重，年初的时候，有几天他日夜不停地吐酸水，什么食物也吃不了，医生劝他住院治疗，因为没有钱，他没有去。这几天，他又旧病复发了，虽然没有年初那次那么严重，多少能吃点儿软食，但是稍微多吃一点就吐，变得一天比一天瘦……

中年教授看到朱自清的身体不好，犹豫了一下，还是把声明取了出来，交给他。

朱自清逐字逐句认真地看起来。

“嗯，是这样的，这种面粉具有收买灵魂的性质，不能要。”他一边看，一边说。

看完一遍之后，他毫不迟疑地拿起了笔。

朱自清的手写字的时候有些颤抖，因为他的身体太虚弱了。但是他写的字却是一笔一画、规规矩矩的，一丝不苟。

朱自清郑重地签上了自己的名字。

当中年教授接过声明，看到那墨迹未干的签名的时候，手也微微地颤抖起来，他太感动了。

在签名拒绝购买美援平价面粉的当天，朱自清就让孩子把配购证退了回去。

这天晚上，朱自清在日记里写道：“此事每月须损失600万法币（指当时在国民党统治地区通用的纸币），影响家中甚大，但余仍决定签名。因余等既反美扶日，自应直接由己身做起，此虽只为精神上之抗议，但决不应逃避个人责任。”

1948年8月4日，清晨4点多钟，朱自清的胃部突然剧烈地疼痛，呕吐不止，他额头上的汗珠直淌，面色苍白。10点钟，他被送进北大医院的时候已经不能动弹了。为了预交医院一笔数目很大的费用，他的妻子只好赶紧四处去借。下午两点，医生给朱自清做了胃部的手术。

过了几天，朱自清的病情急剧恶化，转成了肾炎。他的身体已经虚弱到了极点。他的妻子始终陪伴在他身边，清醒过来以后，他嘴唇很费劲地动了动，才对妻子断断续续地说：

“有件事要记住，我……我是在拒绝购买美援平价面粉的声明上，签……过……名的……

“美援平价面粉，是……用来收买中国人的灵魂的……决不能买!”

“我记住了，您放心吧!”妻子流着泪，坚定地回答说。

8月12日，朱自清先生就与世长辞了。

毛泽东同志高度评价了朱自清先生。他说：“我们中国人是有骨气的……朱自清一身重病，宁可饿死，不领美国的救济粮，表现了我们民族的英雄气概。”

（选自《我是中国人》，作者纪恩）

朱自清（1898年—1948年），散文家、诗人、民主战士，字佩弦，江苏扬州人，原籍浙江绍兴。学生时代即创作新诗，曾任清华大学中国文学系主任等。1948年8月因病在北京逝世。

宁肯掉头　不改国籍

——书画家齐白石的故事

中国历史上所有的爱国者，都毫无例外地热爱祖国的文化，在祖国文化的滋润下成长，焕发出爱国主义的巨大的精神力量。著名画家齐白石，把对祖国的热爱倾注在中国传统国画当中，用墨和笔向敌人掷出投枪，为朋友捧上鲜花。

1937年7月7日，日本侵略者发动了卢沟桥事变。7月28日，北京、天津相继沦陷。

和所有沦陷区一样，处于日寇残杀、蹂躏、侮辱之下的北京，遭遇了空前未有的浩劫。当年，齐白石正居住在北京，他眼见和听闻自己的朋友和学生，有的被迫出走，有的被抓进牢房，心里受到极大刺激。于是从此闭门居家，不与外界接触，连这之前担任的美术学院和艺术专科学校的课都辞去不上了。

尽管如此，由于齐白石是一位在国内外都享有盛名的画家，日本军官、汉奸特务还是经常来无故骚扰。或是登门拜访，或是设宴招待，有时还带来照相机，硬要和他一起照相。对此，白石老人先是断然拒绝，后来怕他们纠缠不休，索性在大门上贴出告白：白石老人心病复发，停止见客。此后又贴出：停止卖画。朋友来信关心他的生活，他说，我宁可挨饿受冻，决不甘心去取媚那班人。

对于白石老人这些大义凛然的举动，敌人是决不甘心接受的。日寇的高级将领坂原曾诱逼齐白石到日本去，加入日本国籍。白石老人说：“齐璜中国人，不去日本，你们要齐璜，可把齐璜的头拿去。”1941 年，日寇没收了白石老人多年辛勤作画攒下来的全部积蓄。1942 年的一天，几个全副武装的日本宪兵忽然闯进白石老人家，叽里呱啦地叫喊。白石老人严正地坐在藤椅上正视着，敌人问他话，他装聋装哑拒不作答；敌人想靠近他，他只装作没看见。就这样，白石老人顽强地抗拒了半个多小时，敌人慑于他名声大，实在奈何不了他，才离开了白石老人家。

像这样的骚扰捣乱，自卢沟桥事变以来经常发生。白石老人出于民族义愤，砍掉了住宅里亲手栽种的全部花木，关起门来，独自作画写诗，以发泄自己的忧郁、愤懑之情。在一幅《群鼠图》上，他题诗道：“群鼠，群鼠，何多如许？何闹如许？既啮我果，又剥我黍。烛灯残，天欲曙，严冬已换五更鼓。”在一幅水墨画《螃蟹》上，又题诗道：“处处草泥乡，行到何方好！昨岁见君多，今年见君少。”用以讽刺日寇、汉奸走狗横行霸道，暗喻他们泥足愈陷愈深，失败就在眼前。有人劝白石老人明哲保身，不必这样辛辣露骨地讽刺。他却说，自己残年遭乱，拼着一条老命，没有什么可怕的。

1944 年 6 月，在日本帝国主义的侵略下，我国的煤炭资源被掠夺，并大批被运往日本，北京市民根本买不到煤烧。一天，白石老人忽然接到北京艺术专科学校的通知，叫他去领配给煤。那时学校大权操纵在日本汉奸手里，他说：“我脱离艺校已经 7 年了，为什么平白无故给我配给煤呢？”他立即把通知退了回去，并附信说：“顷接艺术专科学校通知条，言配给门头沟煤事，白石非贵校之教职员，贵校之通知错矣。先生可查明

作罢论是。”事后白石老人一再对人表示：“无功不受禄，就是黄金也不要，何况是煤。煤固然不易买到，我齐白石又岂是没有骨头、爱贪小便宜的人，他们真是错看了人啊。”

处在日寇统治时期，白石老人不仅节操自守，还经常以此教育自己的学生。1940年，白石老人曾书写下语录赠寄给当时困居在武汉的王文农同志：“丈夫处世，即寿考不过百年。除老稚之日，见于世者，不过三十年。此三十年中，可使死重于泰山，可使死轻于鸿毛，是以君子慎之。”王文农收到此书，感动得流下泪来，他说：“老人诲人如此，吾岂可不慎哉？”

白石老人受了8年的难，也苦斗了8年。1945年8月14日，当传来抗战胜利、日本无条件投降的莫大喜讯的时候，他高兴得一夜没睡觉。当时他在答谢友人的诗中写道：“莫道长年亦多难，太平看到眼中来。”白石老人以为太平真的来了。不幸的是，抗战胜利后他并没有看到太平，耳闻目睹尽是国民党“劫收大员”贪污腐化，民不聊生。这使他大失所望。这年，白石老人去上海参观被日寇劫走的自作展览，适逢伪浙沪警备司令、大特务头子宣铁吾过生日，宣铁吾一再邀请白石老人赴会，并要白石老人对客挥笔吹捧他。白石老人振臂一挥，画了一只大螃蟹，题了“横行到几时”一句后，接着写了“铁吾将军”四个字。弄得宣铁吾面红耳赤，旁观者面面相觑。之后，白石老人泰然拂袖而去。

1947年以后，常有人劝白石老人迁居南京、上海或杭州。这时白石老人的心情早已不同于抗战胜利初期，一片欢欣早就烟消云散了，还有什么心绪去奔走天涯呢？当时物价飞涨，一日千变，卖一张画竟买不到几个烧饼。他眼看国民党反动政权末日已到，真正的太平即将来临。于是，他经常把陆放翁“已卜余年见太平”的诗句，大字篆书，赠给友人，并对家人说："否极泰来，乱极必治。旧的不去，新的不来。只要不死，总会有太平日子过的。"

1949年，白石老人过上了真正的和平与幸福的生活。在党和政府无微不至的关怀下，白石老人心情愉快，作画热情异常高涨。他画山水花鸟，也画工农大众。他用太阳、白鹤和松树的形象来比喻和歌颂共产党和毛主席，用百花与和平鸽象征胜利与和平。

为了表彰白石老人卓越的艺术成就和对保卫和平所做的贡献，1953年，中央人民政府文化部授予他"中国人民杰出的艺术家"的光荣称号。1956年，世界和平理事会决定将他评为国际和平奖金的获得者，在颁奖典礼上，齐白石说："正由于我爱我的家乡，爱我祖国美丽富饶的山河大地，爱大地上一切活生生的生命，因而花了我毕生精力，把一个普通中国人的感情画在画里，写在诗里。"

（选自《可歌可泣的爱国主义精神》，赵树林编）

齐白石（1864年—1957年），书画家、篆刻家。名璜，号白石，湖南湘潭人。农民出身，早年以卖画、刻字为生。曾任中国美术家协会主席等职。著有《白石诗草》《白石老人自述》等。

不恋洋房恋祖国

——数学家华罗庚的故事

1945年至1946年间，华罗庚曾到苏联讲学，回国的时候，抗日战争已经胜利了，他本以为国内的形势从此会好起来，但是回到昆明一看，只觉得到处阴森森的，特务横行，爱国人士和进步青年遭迫害、被逮捕的事件层出不穷。在昆明没住多久，他就决定接受美国一所大学的聘请，到那里去，一边讲学一边继续从事他的科学研究。

我们应当回去

华罗庚才智过人，到了美国以后，他在学术上迅速地取得了举世公认的成绩，硕果累累。他被一所著名大学聘为终身教授，终身教授在美国是为数不多的，人们称之为“金饭碗”，有多少人羡慕不已啊!

美国的科学技术的确是先进的。华罗庚年轻的时候，曾经得过一次严重的伤寒症，这场恶疾险些夺去了他的生命。后来，他病虽然好了，左腿却落下了残疾，走起路来，右腿迈一步，左腿就得悬空画一个圆圈。他曾经风趣地用数学术语开玩笑说，这样的步履，是“圆和切线的运动”。在美国，这“圆和切线的运动”也终于得到了矫治。

美国也的确是优待“科学大脑”的。到美国之后没有几年，华罗庚就有了一座属于自己的小洋楼，还购置了小轿车，把家眷也接到了美国。

但是，华罗庚的那颗心始终是向着祖国的。他是在心情极端苦闷的情况下离开祖国的，他日夜盼望着祖国能从黑暗走向光明。

1949年，新中国成立了。华罗庚激动万分，他想他的知识终于可以用来报效祖国了，这一天终于来到了。

美国联邦调查局也注意到在美国工作的中国科学家了，他们紧紧地盯着华罗庚，密切地注视着他的动向。

数学家考虑问题是非常周密的，华罗庚暗地里筹划着回国的事情，表面上却不露一丝痕迹。他照常去各处做学术报告，进行学术交流，那辆漂亮的小轿车的行驶路线也没有什么变化。来访的宾朋仍像过去一样熙熙攘攘。联邦调查局没有看出华罗庚有要走的迹象，也就不再去盯着他了。然而华罗庚早已下定了回国的决心，他要投身到新生祖国的怀抱里。洋房，他决定抛弃；家具，他不搬不动；汽车，走后给一位好朋友用就是了，一切都筹划妥当了。有一天，他带着全家人神不知鬼不觉地登上了一艘邮轮，辞别了这个到处悬挂着星条旗的国度。

不久，华罗庚辗转抵达香港。在香港，他发表了一封公开信，在信中，他情深意切地对在国外工作的科学家和留学生说：

为了抉择真理，我们应当回去；为了国家民族，我们应当回去；为了为人民服务，我们应当回去；就是为了个人出路，我们也应当回去，建立我们的工作基础，为我们伟大祖国的建设和发展而奋斗！

这封信，激励了许多海外赤子的心！

光荣属于祖国

华罗庚回到了祖国，他的人生翻开了新的一页。他回国以后的科学研究成就是十分显著的。他著书立说，有的研究论文荣获中国科学院颁发的一等奖。20世纪60年代，他致力于“优选法”的研究和推广普及工作，推动了工农业的发展。

华罗庚对祖国的下一代关怀备至，不仅多次为他们举办讲座，还特意为中学生写了《杨辉三角》和《数学归纳法》。

毛主席和周总理曾经多次勉励华罗庚为祖国的科学事业多做贡献，多次嘱咐有关部门要为他的科学研究工作创造良好的条件。华罗庚没有辜负祖国和人民的期望，他成了一位真正的人民科学家，他的成就为祖国赢得了崇高的国际声望。

1979年六七月间，华罗庚在伯明翰大学讲学结束以后，又登上了飞往法国的客机。法国的南锡大学决定授予他荣誉博士的头衔。授予学位必须举行隆重的仪式，华罗庚欣然前往。

仪式在一个坡形的讲堂上举行。华罗庚从下边往上看去，只见在主席台就座的，个个都是德高望重的前辈科学家，他们穿着统一的博士袍，会场的气氛庄严、肃穆。

主席开始向人们介绍华罗庚的学术成就了。根据南锡大学的传统，在这个时候，全体参加仪式的人都必须站立着，以表示对授衔者的尊敬。华罗庚仰脸望着主席台，一位90多岁的老科学家，由于站立的时间过久了，身子有些支持不住了，老人的双手颤抖着扶着主席台，却还是竭力坚持着……华罗庚的心里很不平静——这不仅是对我个人表示尊重，更重要的是对我的祖国的敬仰啊，光荣是属于祖国的。

接着，在这异国他乡的庄严的讲堂上，乐队奏起了雄壮的中华人民共和国国歌。华罗庚迈着稳重的步子，走到了主席跟前。当主席把博士的绶带授给他的时候，不知不觉地，他的眼眶湿润了，流下了两行滚烫的热泪……

（选自《我是中国人》，纪恩编）

华罗庚（1910 年—1985 年），数学家，江苏金坛人。未上过大学，自学成才。曾任清华大学教授、中国数学学会会长、中国科协副主席、全国政协副主席等职。著有《数学引论》等。

华侨旗帜　民族光辉

——华侨领袖陈嘉庚的故事

1874年11月12日，陈嘉庚出生于福建省同安县集美社。他的父亲陈杞柏，早年漂洋过海到新加坡，经营一家顺安米店。

陈嘉庚17岁时，开始在米店里主管业务。到1910年，除米店外，他又陆续创办了菠萝厂、橡胶园、熟米制造厂等企业。在他52岁那年，已拥有1200多万元资产。陈嘉庚认为：“金钱如肥料，散播才有用。”他还说：“余久客南洋，心怀祖国，希图报效，已非一日。”中国门户大开，受着列强的侵略，生死存亡，迫在眉睫，我们怎能袖手旁观，放弃责任呢？为此，他一心一意要把办企业赚到的钱拿出来办学校。他认定，只有培养更多的优秀人才，中国才能富强起来。

清朝末年，他看到卖国的清政府日益腐败，毅然剪去发辫，以表示与清政府断绝关系，并加入了孙中山先生领导的中国同盟会。这是他参加政治活动的开始。

辛亥革命期间，陈嘉庚在新加坡从事募捐，支持孙中山等人的革命活动，并以高度的爱国热情大力发展实业，继续把盈利所得用在兴办教育上。从1913年起，他在家乡集美镇陆续创办了许多不同类型的学校。1921年，创办了厦门大学。

1931年“九一八”事变后，全国各族人民在中国共产党的领导下，掀起了轰轰烈烈的抗日运动。陈嘉庚怀着一颗海外赤子的爱国之心，积极发动广大侨胞投入抗日运动。

1940年3月，陈嘉庚率领南洋回国慰劳视察团，回国慰问抗日军民。他亲眼看到国民党官员口头上信仰孙中山的三民主义，实际上却穷奢极欲，他感到非常痛心，为国家的前途担忧。振兴祖国的力量源泉到底在哪里呢？为了找到答案，他决心到延安去考察。同年6月，他终于冲破国民党反动派的重重阻拦，来到了革命圣地延安，受到中共中央领导人毛泽东、周恩来、朱德等同志的亲切接见。当他亲眼看到八路军与民众同甘共苦、同仇敌忾的动人事实和陕甘宁边区的各种光明景象，深有感触地说：“我来到延安，心中无比兴奋，欣喜的心情不是用语言所能比喻的，就像拨开云雾见了青天一样。”由此他断定：“国民党蒋介石政府必败，延安共产党必胜。”他终于找到了救国的力量依靠，发现了中华民族复兴的道路，认识到了只有中国共产党才能领导中国人民走向胜利。

抗战胜利后，国民党反动派为了夺取胜利果实，悍然发动了全面的反共反人民的内战，陈嘉庚又不遗余力地坚决反对，同时满怀信心地预言：在这两三年中间，中国良好的政府必能建立起来。有一个美国记者看到陈嘉庚这样拥护中国共产党，忠贞不渝地热爱祖国，觉得很难理解，就向他提出一个问题：“你信仰共产主义吗？你这个资本家跟共产党走，难道不怕‘共产’吗？”陈嘉庚风趣地回答说：“我早在‘十月革命’以前，就开始为祖国献出我的财产，让人们共我的产了。”

1949年10月1日，新中国成立了，陈嘉庚一生梦寐以求的愿望实现了。他决心回国定居，为祖国的社会主义建设服务。在陈嘉庚晚年时，他所创办的学校虽然全部归国家管理了，但他还是花了几笔巨款为这些学校修建了校舍。

1961年，陈嘉庚逝世时，在国内的银行还有300余万元存款，这笔存款他一分钱也没有留给子孙后代。按照他的遗愿，其中50万元捐作北京华侨博物馆的建筑费，其余200多万元仍然用于学校建设等费用。陈嘉庚对于祖国是非常慷慨的，据估计，单是他用于教育事业的捐款就达1亿美元。

他为什么这样热爱社会主义祖国呢？他在《新中国观感集》一书中写道："我的总观感是：毛主席领导全国人民做我们前人没有做过的极其光荣伟大的事业，已经取得重大的成就。事实证明，只有社会主义才能使国家富强，使人民幸福。"

毛主席曾经用八个字来评价陈嘉庚："华侨旗帜，民族光辉。"

（选自《社会主义好》，李兆德等编）

陈嘉庚（1874年—1961年），著名的爱国华侨领袖、企业家、教育家、慈善家，福建厦门人。曾长期侨居新加坡，从事橡胶业，并热心办学。新中国成立后曾任全国政协副主席、全国侨联主席等职。

“导弹之父”的爱国心

——空气动力学家钱学森的故事

1980年5月18日，我国向太平洋预定海域发射的第一枚远程运载火箭，获得成功! 这振奋人心的消息，立即传遍了世界各地。

只过了两天，美国电台就广播了一篇文章，题为《中国的导弹之父——钱学森》。文章说：

主持研制中国洲际导弹的智囊人物，是这样一个人：在许多年以前，他曾经是美国陆军上校，由于害怕他回中国，美国政府竟把他扣留了5年之久。

他的名字叫钱学森，今年69岁。在这个名字的背后，有着一段不同寻常的经历，即使是科学幻想小说的作者都无法想象出来。

正是因为有了钱学森，中国才在1970年成功地发射了第一颗人造地球卫星……

一点儿也不错，钱学森是世界著名的科学家，他为我国的科学事业做出了重大贡献。可是，你知道他的不同寻常的经历吗？

1934年，钱学森考取了清华大学留美公费生，到美国研究航空工程和空气动力学。后来，他与久负盛名的空气动力学教授卡门合作，共同创立了著名的卡门—钱学森公式。

1945年，钱学森作为美国赴德国考察的科学顾问团成员，被美国军方授予上校军衔。钱学森详细考察了德国的航天技术，回来后做了十分精彩的考察报告，得到了美国空军部长的通令嘉奖。

两年后，经卡门教授推荐，36岁的钱学森成了麻省理工学院最年轻的终身教授。

虽然身居海外，但钱学森的心却一直向着祖国。他从来不想在美国积蓄存款，更没有长期居住的打算。当新中国成立的喜讯传来时，他激动地恨不得插翅飞回祖国。

新中国成立后的第一个中秋节夜晚，钱学森约请了几名中国留学生，欢聚在加州的一个街心公园里。每逢佳节倍思亲，在那个难忘的中秋之夜，他们是多么思念亲人、怀念祖国啊！钱学森对大家说："我们都要争取尽快回国，人民的新中国非常需要我们。"有的中国留学生本想长期留在美国，在他的影响下，毅然改变了主意，决心回到祖国去。

正当钱学森和其他同志就要动身回国时，美国悍然对朝鲜发动战争。美国当局到处追捕共产党人，钱学森也成了他们的怀疑对象。

1950年2月，美国参议员麦卡锡宣称：有205名共产党人潜伏在美国的各部门中。接着，钱学森开始受到不断的追查和盘问。

同年7月，美国军方没收了钱学森参加机密项目研究的证书，取消了他研制火箭的权利。钱学森将计就计，决定立即回国。

他来到华盛顿，在五角大楼里找到了美国海军次长金波尔，严正声明要马上回国。金波尔一听，大吃一惊。原来他是害怕钱学森回到中国后，会使中国的航天事业赶超美国。

钱学森刚离开，金波尔就急忙抓起电话，将这一情报告诉移民局，并咬牙切齿地说："我宁肯把这家伙枪毙了，也不让他离开美国！"

8月23日深夜，钱学森一家从华盛顿飞到洛杉矶，准备从那里飞离美国。不料，刚走下飞机，就被移民局的人拦住了。那个人从皮包里掏出一份文件，只见上面写着：根据法律，钱学森不能离开美国。

接着，美国海关非法扣留了钱学森的全部行李，并造谣说：在钱学森的书籍和笔记本里，藏着重要机密。

几天以后，钱学森被联邦调查局逮捕，押送到移民局的拘留所里，罪名是“企图运送机密文件回国”。

在拘留所里，钱学森被当作囚犯遭到了百般折磨，晚上每隔一小时就把他叫醒一次，弄得他精神上陷于极度的紧张状态。他吃不好、睡不宁，15天里体重减了27斤。

美国当局对钱学森的迫害，立即引起了美国科学界的公愤。加州理工学院的教师和其他美国友好人士，一齐出面营救钱学森，为他找辩护律师，并募集15000美元作为保释金。在强大的舆论压力下，钱学森被保释出来了。

但是钱学森的行动仍旧受到监视，为了减少麻烦，钱学森停止与外界的一切交往，闭门不出，整天处于与世隔绝的境地。

在遭迫害、受屈辱的艰难日子里，钱学森始终心向祖国，无所畏惧。他一边坚持斗争，一边继续进行科学研究。这期间，他完成了《工程控制论》一书，被一些国家翻译出版，受到中外科学家们的赞誉。

1955年8月，中美两国开始大使级会谈，在周恩来总理的亲切关怀下，经过与美国方面的多次谈判，美国移民局终于允许钱学森离开美国。

1955年9月17日，钱学森和夫人乘坐美国“克利夫兰总统”号邮轮，从洛杉矶启程回国。面对波涛翻滚的大海，钱学森心潮澎湃。啊，大海！大海那边是故乡……

经过 20 多天的海上航行，邮轮到达广州。钱学森终于踏上了祖国的土地，他的脸上露出了幸福的笑容。他非常感慨地说：“我一直相信，我一定能回到祖国。今天，我终于回来了!”

（选自《科学家的美德》，韩其洲编写）

钱学森（1911 年—2009 年），空气动力学家，浙江杭州人。早年留学美国，获博士学位，后任加利福尼亚工学院教授。1955 年回国后，曾任中国科协主席、全国政协副主席等职。

我愿以身许国

——核物理学家王淦昌的故事

在我国的核科学和激光领域，他的名字无人不晓。这不仅仅因为他是这些领域的带头人，还因为他对祖国的科学事业满腔热忱，有着特殊贡献。

1961年初春，一列国际列车穿过西伯利亚冻土带，载着一位科学家对祖国的忠诚，对党和人民无限的爱，驶进了北京。

不久，这位科学家受到了第二机械工业部部长刘杰的约见。部长对他说："今天请你来，是想让你做另外一件事，这件事同你在杜布纳的工作完全不同——参与领导研制战略核武器原子弹!"

他听着刘杰部长的话，半晌，才缓慢有力地回答说："我愿以身许国!"

他，就是我国著名的核物理学家王淦昌。

国难当头，与祖国同命运共呼吸

1933年，法西斯的阴云笼罩着德国，当时正在德国留学的王淦昌亲眼目睹了他的导师迈特纳（犹太人）被剥夺教书权利，被迫逃亡瑞典。

在法西斯专政的恐怖气氛中，王淦昌感到窒息。1933年12月，他的博士论文通过了以著名物理学家冯·劳厄为主考人的答辩，取得博士学位以后，他决定回国。当时的中华大地正遭受日本法西斯的蹂躏，有人劝他说："科学是没有国界的。你是科学家，中国没有你需要的从事科学研究的条件。"王淦昌回答说："我是科学家，但我首先是中国人。现在，我的祖国正在遭受苦难，我要回到祖国去为她服务。"

就这样，王淦昌怀着报国的壮志，在获得博士学位后不到半年，就毅然返回了硝烟弥漫的祖国，与养育了他的土地和同胞共患难。

那时的中国没有从事近代物理研究的条件，于是他选择了教育这一行。他认为，培养人才使近代物理在中国生根开花，是在当时条件下报效祖国的最好选择。他先是在山东大学物理系任教，后到浙江大学担任教授及系主任。被称为"浙大四李"的李政道、李寿楠、李天庆、李文涛便是他的四个学生。

1937 年 7 月，卢沟桥事变爆发，王淦昌与浙大师生一起，从此开始了迁移、逃亡的生活。在这期间，不管多么艰难，只要一停下来，王淦昌就支起黑板为学生讲课。在广西宜山时，他还配合抗战的需要，自编教材开了一门军用物理课，听课者非常多。有趣的是，他为开设这门课所积累的知识，居然为他多年后研制祖国第一代核武器做了准备。

在抗战中耕耘科技绿洲

那是一片小小的绿洲，一片在法西斯战火的包围中顽强生长起来的科学的绿洲，它既说明了中华民族不可征服，又以出色的学术成就向全世界显示了中国科学家杰出的智慧和才华，它就是被英国学者誉为"东方剑桥"的贵州湄潭浙江大学理学院。王淦昌和他的同事们在这片绿洲中辛勤耕耘。

王淦昌是位科学家，以科学报效祖国始终是他的生活目标。即使在迁移和逃亡的年代里，他也没有停止过科学研究。1939 年在宜山时，他曾试图用照相底片法寻找由核裂变产生的径迹，还试图用中子轰击镭酸镉来引起裂变。

虽然条件十分艰苦，还不时听到枪炮声和爆炸声，但湄潭理学院的学术气氛依然十分浓厚。王淦昌不仅积极参加各种学术讨论，还参与组织了“伽利略逝世三百周年纪念会”，以及自 1942 年 1 月开始的中国物理学会贵州分会的历届年会。

1944 年第十二届年会召开时，英国学者李约瑟夫妇专程到会做了报告，我国科学家竺可桢、王淦昌、胡刚复、姚鑫等教授也在会上发表了论文。这次会议给李约瑟留下了深刻的印象，他万万没有想到正在抗击日寇侵略的中国还有这么一片科学的绿洲，于是亲切地称湄潭理学院为“东方的剑桥”。

这就是我们的王淦昌。他在国难当头的时候回到了祖国，并在艰苦奋斗的 15 年中为祖国培养了一代物理英才，也为日后的基本粒子物理学研究和核弹研制打下了基础。

旧社会的抱憾与新时代的成功

1949 年新中国成立后，王淦昌的科研事业获得了新生。1950 年 4 月，他应钱三强的邀请到中科院近代物理所任研究员，1951 年被任命为该所副所长，领导并参加了宇宙线的研究。他和他的同行通力合作，1951 年在圆形 12 英寸的云雾室中拍下了几百张宇宙线穿透簇射的照片。接着，1952 年设计建造了磁云室，1954 年在云南落雪山海拔 3185 米处建造了中国第一个高山宇宙线实验室。从 1955 年起，王淦昌等有关宇宙线的一批研究成果陆续在《物理学报》和《科学记录》上发表，其中《一个中性重介子的衰变》在 1955 年的布达佩斯宇宙线物理会议上引起了同行们的关注。当时我国在宇宙线方面的研究水平接近国际水平。

1956 年 9 月，王淦昌作为中国的代表，到当时社会主义国家联合建立的杜布纳联合原子核研究所任研究员，后又兼任副所长，从事基本粒子的研究。

对于王淦昌来说，1959 年 3 月 9 日是个值得纪念的日子，由他领导的物理小组，在从自制的丙烷气泡室拍摄的 4 万张照片中，发现了第一张反西格马负超子事例的照片。同年 9 月，王淦昌小组宣布了这一发现。这是通过实验发现的第一个荷电负超子，它丰富了人们对于反粒子的认识，填补了粒子—反粒子表上的一个空白，使理论上关于任何粒子都有其反粒子的推测得到进一步的证实，受到国际上许多著名物理学家的称赞。

为祖国研制原子弹

1960 年 12 月 24 日，王淦昌在杜布纳联合原子核研究所任期届满。回国后不久，王淦昌便接受了新任务——研制原子弹。他和从美国回来的郭永怀等人一起，分别负责物理实验、总体设计和理论计算。陈毅、彭德怀等领导同志曾到实验室去看望他们，陈毅紧握着王淦昌的手说："有你们科学家撑腰，我这个外交部长也好当了。"

初期的爆轰试验是在河北省怀来县燕山的长城脚下进行的。王淦昌、郭永怀亲临第一线，不辞辛劳，一年内就进行了上千个实验元件的爆轰试验。

1963 年，随着西北核武器研制基地的建设，王淦昌又来到海拔 3000 多米的青海高原和新疆塔克拉玛干大戈壁深处，继续进行缩小比例的聚合爆轰试验，并做好原子弹爆炸试验前的最后准备工作。

1964 年 10 月 16 日，我国第一颗原子弹爆炸成功了，望着冉冉升起的蘑菇云，王淦昌流下了激动的热泪。

过了不到3年，我国又爆炸了第一颗氢弹。原子弹、氢弹的爆炸成功震惊了全世界，大大提高了我国的国际威望。

1969年春，王淦昌被任命为核武器研究院副院长，同时接受了第一次地下核试验的任务。由于高原缺氧，他经常背着氧气袋坚持工作。经过几个月的紧张努力，克服重重困难，终于在1969年9月23日成功地进行了第一次地下核试验。

和平利用核能的倡导者

老骥伏枥，志在千里。1979年12月，72岁高龄的王淦昌实现了自己的宏愿，加入了中国共产党。

有一次，他在一份文件上批道："依我看，时间就是生命，我们上了年纪的人对此深有感受，要更加拼命地工作，把科研搞上去!"

王淦昌关注最多的有两件事：一是参加激光惯性约束核聚变的研究工作，目的是解决全人类长远的能源需要；二是大力促进我国核能的和平利用，发展核电事业，以缓解我国能源短缺的困难。

1964年，上海光机所把高功率钕玻璃激光器的输出功率提高到10^8瓦，发现了一些新现象。同年12月下旬，王淦昌提出用高功率激光束打靶实现惯性约束核聚变的设想，并写了一份报告，对利用激光驱动热核反应作了基本分析和定量估算。这一设想与著名物理学家巴索夫的设想非常类似，他们两人几乎是同时独立地提出了这一建议的。这一建议得到了当时中科院副院长张劲夫的支持，使得我国激光惯性约束核聚变的预研工作走到了世界各国的前面。遗憾的是接着而来的"文革"，使这项具有重大意义的科学研究整整耽误了7年，而恰恰在这7年中外国人大大超过了我们。

1978年年底，在王淦昌的全力争取下，原子能所建立了惯性约束核聚变研究组，并着手建造强流加速器。加速器全部采用外触发火花球隙组成的冲击电压发生器线路，性能达到了当时的国际先进水平。

多年来，王淦昌带领核科学和激光两个领域的队伍，通力合作，在国内奠定了激光等离子体理论及其实验和技术基础，并于1984年9月10日向国家科委提出了将受控核聚变能源的开发列为国家长远规划重大项目的建议。

针对我国能源短缺的现状，王淦昌还积极主张发展核电事业。1978年10月，他曾与四位核专家一起联名上书中央，提出发展我国核电的建议。1980年中央书记处举办科学技术知识讲座，他毛遂自荐给书记处和国务院的领导同志讲课，题目就是《核能——当代重要能源之一》。

正是在王淦昌等有识之士的呼吁、推动下，我国的三个核电站——秦山核电站、大亚湾核电站和金山核电站建成。

王淦昌，一位把智慧和精力全部献给了祖国的科学家，他的名字与祖国的核科学联系在一起。

(选自《光明日报》，作者刘敬智)

王淦昌（1907年—1998年），著名核物理学家，江苏常熟人，清华大学毕业，留学柏林大学获得博士学位，新中国成立后历任核工业部副部长、原子能研究所所长、中国科协副主席、中国核学会理事长等职。

为五星红旗增辉

——世界举重冠军陈镜开的故事

1956年6月，陈镜开在上海创造了最轻量级挺举世界纪录——133公斤。这是中华民族体育史上的第一个世界纪录!

陈镜开创造了世界新纪录之后，在世界各地有着不同的反应。各国人民向我们表示热烈地祝贺，但是也有一些人偏见很深，他们不相信多少年来被人称为“东亚病夫”的中国人能创造这样的奇迹，竟放肆地用冷言冷语攻击我们说，没人知道陈镜开的成绩是记者用笔写出来的，还是这位运动员用双臂举出来的。

1957年8月，陈镜开高兴地来到莫斯科，参加两年一度的国际青年友谊运动会。他决心要在这次国际性的比赛中，用自己的优异成绩为伟大祖国争光，并回击那些对中国人民持有偏见的人。

比赛场上，观众们鼓掌助兴，运动员们跃跃欲试。

陈镜开即将开始挺举了。他在上海创造了世界纪录后，一年来，成绩又有了新的提高，最佳成绩曾达到过137.5公斤，人们希望他今天能够保持这个纪录。

但是陈镜开十分不满足于只拿下挺举冠军，他的目标是总分第一。他默默地算了算，如果自己挺举能举起139.5公斤，那么总成绩就是第一名了。但是，以前他从来没有举过这么重的重量呀!

这时候，他一扭头，发现第一名位置的旗杆下端已经拴上苏联的国旗了。苏联人显然认为总分第一自己是稳拿的了。

他们怎么这样不尊重人呢! 怎么这样小看我们中国人呢! 陈镜开被激怒了。

当裁判员问陈镜开第三次挺举举多少公斤的时候，陈镜开咬了咬牙，大声报道：“139.5 公斤!”

裁判员愣了一下神，以为自己听错了。

陈镜开又用手比划了一下，裁判员这才点了点头。

场上骚乱起来了，人们议论纷纷。

有人说：“这个中国人，未免太不自量力了!”

一位外国记者连连摇头，不停地说：“不可思议，不可思议……”

陈镜开却决心把不可思议的事变成事实。他走到了杠铃跟前，举止沉着，不慌不忙地张开五指量了量，他的动作处处合乎分寸，随着跨步分腿，杠铃忽地就举过了头顶，两条铁臂牢牢地擎着这 139.5 公斤的重物。最后的动作是收腿、站稳，他更是做得利落、得体。奇迹出现了！139.5 公斤的重量，不仅给陈镜开带来了胜利，也给轻量级举重创造了新的世界纪录。

场上顿时卷起了旋风般的欢呼声：“中国! 中国! 中国!”

陈镜开一只手捧着鲜花，另一只手向观众席上热情的观众们频频挥动……

他瞥了一眼身后的旗杆，在第一名的位置上已经换上了鲜艳的五星红旗，庄严的《义勇军进行曲》响起来了! 五星红旗，我们新中国的国旗在场上冉冉升起。

刚才说不可思议的那位外国记者，举起照相机，一连给陈镜开照了好多张照片。拍完之后，他还说："真是不可思议，人怎么会有这么大的力量呢？莫非无数中国人的力量都汇聚到这个小伙子的双臂上去了？"

陈镜开没有辜负党和国家的培养和希望。从莫斯科回来后，他再接再厉，多次创造了世界纪录。

（选自《我是中国人》，作者纪恩）

陈镜开（1935 年—2010 年），广东东莞人，1955 年参加中国人民解放军，后加入中南军区体工队，成为我国著名的举重运动员，是新中国第一个打破世界纪录的运动员，为中国争得了荣誉。

冠军的理想

——世界乒乓球冠军容国团的故事

在我国体育运动史上，容国团写下了光辉的篇章。

是他，在1959年第25届世界乒乓球锦标赛中，为我国赢得了第一个男子单打冠军；是他，在1961年第26届世界乒乓球锦标赛中，和战友们共同努力，为我国赢得了第一个男子团体冠军；是他，当了国家女队教练后，同队员们团结战斗，在1965年第28届世界乒乓球锦标赛中，为我国赢得了第一个女子团体冠军。

这三个世界冠军，不仅在我国乒乓球运动史上是“第一个”，在我国所有体育运动项目参加世界级比赛的历史上，也都是“第一个”！这三个世界冠军，第一次向全世界宣告：中国人被称为“东亚病夫”的时代一去不复返了，伟大的中华民族以其优异的成绩、健强的体魄屹立于世界民族之林！

容国团能为国争光，是因为他从小就有一颗火热的爱国心。他出生在香港，父亲参加过省港大罢工和广州起义，经常对容国团进行爱国主义教育。容国团13岁时因家贫辍学，在渔行当童工，工作之余参加工联俱乐部活动，显露出了打乒乓球的才能。1954年10月，容国团在香港参加庆祝国庆乒乓球表演赛，引起渔行老板的愤怒，令他写“悔过书”。容国团

说："爱国有什么罪！"一气之下，他离开了渔行。后来，老板想借容国团的球艺赚钱，几次请他回去，容国团坚定地回答："不去，饿死也不去！"此后，容国团在朋友们的帮助下，有了较多的练球时间，球艺不断提高。1956年，日本乒乓球队访问香港，容国团打败了刚刚获得世界乒乓球锦标赛男子单打冠军的荻村伊智朗，从此名声大震。

但容国团看不惯香港社会的剥削和欺凌，日益盼望着尽快回到社会主义的祖国内地。在贺龙副总理的亲切关怀下，容国团冲破重重阻力，怀着强烈的爱国之心，于1957年11月毅然回到祖国，1958年成为了广东省乒乓球队的运动员。

"我要在三年内获得世界冠军！"在广东省体委的一次誓师大会上，容国团发出了这样豪迈的誓言。为了实现这个目标，容国团在技术上精益求精。有志者事竟成，当他在多特蒙德的体育馆战胜最后一名对手、举起世界冠军的奖杯时，年仅22岁。

容国团将我国的乒乓球运动水平带到了世界高峰，为我国体育事业的发展做出了突出的贡献。

（选自《人物》，作者韩其洲）

容国团（1937年—1968年），广东中山人，生于香港工人家庭，从小喜爱乒乓球运动。1957年从香港回到内地，1958年被选入广东省乒乓球队。多次为我国争得冠军荣誉。

在巴黎的斗争

——核物理学家钱三强的故事

1937年，24岁的钱三强考取了留法公费生，来到了世界闻名的巴黎大学居里实验室和法兰西学院原子核化学实验室，主持这两个实验室的是著名科学家居里夫人的女儿伊兰娜·居里和女婿约里奥。这一对被称为“小居里夫妇”的青年科学家，也是诺贝尔奖的获得者。在他俩的精心指导下，钱三强获得了博士学位，并在核科学研究中取得了重大成果。

有一天，钱三强得到了一本珍贵的书——美国作家斯诺写的《红星照耀中国》。打开一看，他就被毛泽东、周恩来、朱德等革命领袖的生动故事吸引住了。共产党人救国救民的革命精神和优秀品质使他深受教育，他对伟大的中国共产党由衷地感到钦佩。

这时，中共旅法党支部的同志了解到钱三强是个热爱祖国、追求进步的青年人，就主动同他联系，帮助他进步。在党组织的关怀下，他很快成了党的活动积极分子。

1946年，蒋介石集团坚持反共反人民的政策，在重庆制造了“校场口事件”，唆使特务和暴徒打伤了郭沫若等爱国民主人士。消息传来，中共旅法党支部决定：在巴黎召开“旅法华侨国内和平促进会”，揭露蒋介石集团的罪恶阴谋。钱三强遵照党组织的指示，准备在大会上发言。

不料有人走漏了消息，蒋介石政府驻法国大使馆紧急策划，企图破坏这次大会。

当人们来到会场时，一些国民党右派分子在使馆武官处的率领下，蒙蔽一些不明真相的华侨，把持了大会的主席台，扬言要在这里召开一个拥护蒋介石政权的大会。这帮家伙携带手枪等武器，杀气腾腾。

怎么办？难道能让敌人的阴谋得逞吗？不能，决不能!

钱三强机智地来到旅法党支部负责人的身边，悄悄地商量对策。最后决定由钱三强出面把会场搞乱，粉碎敌人的阴谋诡计。

开会的时间就要到了，钱三强机警地躲在人群中，密切注视着敌人的动向。不多时，只见一个家伙来到大会执行主席的位置上，宣布会议开始，他竟然提出要向国内发出一份“拥护反共戡乱”的所谓“通电”。

决不能让群众上当受骗，决不能让敌人的阴谋得逞! 钱三强猛地站起身来，大声喊道：“谁要发通电，谁就得签名，不敢签名的就不是人!”

随着这突如其来的一声大喊，会场大乱起来。一时间，争吵声、厮打声、吼叫声混作一团，整个会场简直就像开了锅似的。

在一片混乱之中，几个打手朝钱三强围过来，喊道：“抓住他，抓住他!”

说时迟，那时快，旅法党支部的同志们冲过来，掩护钱三强飞快地跑进了地下室。

会场被搞散了，敌人的阴谋失败了。钱三强英勇对敌，出色地完成了任务，受到了党组织的表扬。

1948 年 5 月，为了迎接新中国的成立，钱三强和夫人何泽慧放弃在国外的优厚待遇，带着刚满半岁的女儿，含泪告别了多年共同工作和战斗的师友，登上邮轮，回到了离别十余年的祖国。当时，古城北平正处在黎明前的黑暗时刻，蒋介石准备把一批著名的教授和学者弄到南京和上海，钱三强教授就是其中一个。

为了防止被特务绑架，钱三强让夫人每天上班之前把他反锁在房间里。他像被关在囚室里一样，度日如年，心急如焚。他多么盼望北平早一天解放、新中国早一天诞生啊！

这一天终于盼到了！

1949 年 1 月 31 日，北平和平解放了。钱三强冲出家门，骑上自行车，奔驰在喧闹的前门大街和长安街上。看见威武整齐的解放军队伍，听到庆祝胜利的鞭炮声、锣鼓声，钱三强激动万分，两眼闪动着幸福的泪花。他跟着青年学生的游行队伍，情不自禁地唱了起来：

解放区的天是明朗的天，
解放区的人民好喜欢。
……

（选自《科学家的美德》，韩其洲编写）

钱三强（1913 年—1992 年），著名核物理学家，浙江吴兴人。1940 年在法国获博士学位。新中国成立后任中国科学院原子能研究所所长、中国科学院副院长等职。

莽莽荒原上的铁人

——著名劳模王进喜的故事

1960年春，为了甩掉“中国贫油”的帽子，我国的石油工人们在大庆展开了一场规模空前的石油大会战。就在这个时候，王进喜从玉门率领1205钻井队，千里迢迢赶到大庆。

3月的大庆，朔风呼号，滴水成冰。几万人从四面八方汇集到大荒原上，面临着许多难以想象的困难：没有公路，车辆不足，吃和住都成了大问题。

为了战胜困难，夺取胜利，油田党委号召参加会战的职工学习毛主席的《实践论》和《矛盾论》。王进喜带领1205队，一连好几个晚上，围着篝火一边学习，一边讨论什么是当前的主要矛盾，怎样对待困难，工人们异口同声地说：“拿下大油田，哪能没有困难！但是国家缺油才是最大的困难和最主要的矛盾。我们决不能在困难面前低头，有天大的困难，也要高速度、高水平地拿下大油田。”

工人们那股天不怕、地不怕的劲头，给了王进喜极大的鼓舞。他对工人们说：“我们工人阶级，就要有这样的雄心。现在我们流点儿汗，吃点儿苦，为的是快快把我们国家建设得更强大。只要国家有了油，我们再苦再累也高兴。”

那时候，钻机还没有运到，他们天天派人到车站去等。王进喜更是坐不住、睡不稳，到处调查访问，了解地层的情况。不几天，钻机到了，但是吊车、拖拉机不够用，60多吨重的钻机躺在火车上卸不下来。大家都很着急，王进喜带领大家一鼓作气，从清晨干到太阳偏西，硬是用绳子拉、撬杠撬、木块垫，把钻机从火车上卸下来运到井场，又花了三天三夜，把40米高的井架矗立在了大荒原上。

眼看就要打井了，可是水管线没有安好，开钻没有水怎么行？大伙说："咱们用盆端!"有人不同意，说："你们见过哪个国家端水打井的？"王进喜理直气壮地说："就是我们的国家!"

他带领工人们同井场附近的农民一起，终于用人力端来了几十吨水，提前开了钻。

经过5个紧张的日日夜夜，大庆会战的第一口井终于喷出了乌黑发亮的原油。

战斗的进程并不是一帆风顺的，就在第一口井打好以后，一件意外的事情发生了。

5月1日，天刚蒙蒙亮，王进喜在井场上指挥工人放井架"搬家"，忽然一根几百斤重的钻杆滚下来砸伤了他的腿。王进喜疼得昏了过去，等他醒过来一看，井架还没有放下，几个工人正在围着抢救他。王进喜急了，对大家说："我又不是泥捏的，哪能碰一下就散了？"说完，猛地站起来，举起双手，继续指挥放井架，鲜血从他的裤腿和鞋袜里浸了出来。

领导和工人们坚持把他送进医院。可是在这热火朝天的会战中，他怎能安心住下来呢？一天深夜，王进喜深一脚、浅一脚地从医院回到了钻井队，只见他手里拄着拐棍，腿上的绷带沾满了泥。大家赶快帮他收拾床铺，让他休息。可是还没等安排好，王进喜已经拄着拐棍上井去了。

打第二口井的时候，王进喜的腿伤还没有好，成天拄着拐棍在井场上来回指挥。一天，轰隆一声，钻机上几十斤重的方瓦忽然飞了出来，井喷的迹象出现了。

井喷，就是埋藏在地层深处的水、原油和天然气，突然夹带着泥沙，在地层的高压下迸发出来，如不赶快压住，不仅会井毁人亡，连那高大的井架也要被吞没到地层里去。在这十分危急的时刻，王进喜忘记了自己的腿伤，立刻奔上前去。压井喷需要用重晶石粉调泥浆，井场上没有，他当机立断决定用水泥代替。一袋袋水泥倒进泥浆池，没有搅拌机，水泥都沉在池底。这时，王进喜奋不顾身，把拐棍一甩，说了声："跳!"就纵身跳进了泥浆池，用自己的身体来搅拌泥浆。几个年轻小伙子也跟着跳了进去。奋战了整整3个小时，险恶的井喷终于被压下去了，油井和钻机保住了。王进喜的手上身上却被碱性很强的泥浆灼伤起了大泡，同志们把他扶出来时，腿疼得他扑倒在了钻杆上，豆大的汗珠不停地从脸上滚下来。

王进喜哪里是在打井？他简直是用自己的鲜血和生命换来一口口的油井！在那战斗最紧张的日子里，他成日成夜地奋战在井场上，饿了，啃几口冻窝窝头；困了，倒在排好的钻杆上，盖件老羊皮袄，头枕钻头休息一会儿；下雨了，头顶雨衣不离开井场。他把艰苦当光荣，把艰苦当幸福，为着一个宏伟的目标，把自己的一切置之度外。他曾经写过这样一首诗来抒发自己的革命豪情："北风当电扇，大雪是炒面，天南海北来会战，誓夺头号大油田。干！干！干！"

有一回，他帮助一个井队制服井喷，在井场上两天两夜没有合眼，回到大队时，浑身上下都沾满了泥浆，两只鞋用绳子绑着，已经分不清鞋和脚了。吃饭的时候，吃着吃着，碗掉在地上，人却靠在墙边睡着了。工人们见他一天比一天消瘦，眼眶越来越深陷下去，都关切地要他注意休息，

他却说：“宁可少活 20 年，拼命也要拿下大油田！”

井场附近的老乡们把一切都看在眼里，他们被王进喜这种拼命的革命精神深深地感动了，向工人们夸赞说：“你们的王队长可真是个铁人啊！”

从此，铁人这个光荣的名字很快便传开了，“向铁人学习”“发扬铁人精神”响遍了整个大庆油田。

在开发大庆油田的日子里，王进喜把自己的全部精力和心血都倾注在了打井上。为了早日拿下大油田，摘掉我国石油工业落后的帽子，他不仅使自己所在的井队上得猛、打得快，而且主动帮助别的井队。别的井队缺少零部件，只要他们有，就马上派人送去，打井遇到困难，他总是亲自带人去支援。他说：“我们一个井队打得再快，也拿不下大油田，我们要让所有的井队都打上去，超过我们，那才叫人高兴哩!”

为了早日拿下大油田，他对待工作始终是精益求精，一丝不苟。他经常对人说：“干工作光有一股子干劲，猛打猛冲是不行的，张飞还粗中有细嘛，打井一定要注意质量。要对油田负责一辈子，就要对质量负责一辈子。”他每打完一口井，都要发动大家认真地总结经验。

1963 年，油田指挥部号召打直井，要求井斜由原来的 5°缩小到 3°，这在当时是很高的质量标准。领导同志问王进喜：“你准备怎么干？”王进喜说：“依靠党，依靠群众，按毛主席的教导去实践。”回到队上，他同战友们一边调查研究地层情况，一边改造钻头钻具，边干边总结经验，终于用老钻机打出了当时全油田第一口斜度只有 2°多的直井，以后又降低到只有 0.5°多，为全油田创造了打直井的宝贵经验。

王铁人和英雄的大庆工人们，就是这样在极端困难的条件下，高速度、高水平地拿下了大油田，为发展祖国的石油事业立下了丰功伟绩。

但铁人却经常向别人说：“我是个普通工人，没啥本事，就是为国家打了几口井。一切成绩和荣誉都是党和人民的，我自己的小本本上只能记差距。”

（选自《理想·战斗·献身》，国防科工委政治部编）

王进喜（1923年—1970年），著名劳动模范，中国工人阶级的杰出代表。曾任大庆油田1205钻井队队长，大庆石油钻井指挥部副指挥。曾领导钻井队创造世界钻井最高纪录，出席过全国群英会。1970年11月15日病逝。他留下的“铁人精神”永放光辉。

后　记

中共中央印发的《爱国主义教育实施纲要》指出："进行爱国主义教育必须加强典型宣传，发挥榜样的示范作用。中国历史上涌现过无数的著名爱国者、民族英雄、革命先烈、杰出人物，新中国成立以后又涌现出了许许多多的英雄模范人物，各种新闻传播媒介要经常对他们进行宣传介绍。"党的十八大以来，习近平总书记多次论述进行爱国主义教育的重要性，并特别强调要在广大青少年中开展深入、持久、生动的爱国主义宣传教育。

现在奉献给读者的这本书，旨在贯彻落实党中央和习总书记的指示精神，为广大青少年朋友们提供一本爱国主义题材的优秀课外读物，为广大教师提供一本对学生进行爱国主义教育的生动教材。

本书在广西教育出版社 20 世纪 90 年代版的基础上重新编辑，内容作了适当调整和补充。为了便于阅读，由原来的单册改为上、中、下三册出版。本书共收入了古往今来百余名著名人物的爱国故事，均选自国内已正式出版的图书和报刊。为使全书在体例上基本一致，我们在选编时对多数原文的题目作了改动，对一些文章的内容作了校正和适当删减，在此特作说明。

本书的编辑出版，应首先感谢撰写原文的众多作者，是他们原已付出的辛勤劳动和取得的成果，为我们的选编工作提供了极为丰富的内容和资料。但是中国古今名人的爱国故事很多，而本书的容量却有限，我们只能在已经收集到的篇目中，有所取舍，忍痛割爱，致使不少精彩生动的名人爱国故事未能编入，深感遗憾。

著名书法家、教育家欧阳中石先生为本书题写书名，著名科学家、教育家、全国人大常委会原副委员长严济慈先生生前为本书题词。本书得以重新编辑出版，我们应该首先感谢中国文字著作权协会总干事张洪波先生的热情推荐，感谢黑龙江少年儿童出版社社长张立新先生的大力支持，感谢为本书编辑出版付出辛劳的同志们！在此，我们还要特别感谢老领导、原国家教委副主任柳斌同志，不辞辛苦，欣然为本书撰写序言。这充分体现了老教育家对爱国主义教育的高度重视，以及对广大青少年思想政治教育的亲切关怀。

参加本书选编和整理资料工作的，还有刘堂江、黄海春、田菊影、陈晓梅等同志。由于水平有限，如有错误与不妥之处，恳请亲爱的读者朋友们指正。

韩其洲

2016年6月12日